대한민국 어르신들
제2의 인생을 위한 영어 공부!

시니어 영어

김근형 · 서소영 지음

정진출판사

머리말

100세 시대, '영어 까막눈'에서 벗어나세요!

요즘 아파트 이름을 영어로 짓고 영어로 써 놓아서 어르신들이 자식들 사는 곳을 기억하거나 찾기가 쉽지 않다고 합니다. 그래서 일부러 어려운 영어로 짓는다는 웃지 못할 농담도 있지요? 커피숍에서 지인을 만나기로 했는데 영어로만 써 둔 경우가 많아 바로 코앞에 두고도 찾지 못하는 경우도 있고, 젊은 사람들이 하는 말이나 텔레비전에서 나오는 말 중에 영어가 포함되어 알아듣기 어려운 경우도 많지요.

세상은 빠르게 변화하고 수명은 100세까지 늘어나는 지금! 영어를 모르면, 인생의 반 가까이를, 세상의 반 정도밖에 모르고 살게 되는 것입니다. 더 젊은 시각을 갖고, 더 넓은 세상을 보기 위해서는 지금이라도 영어 공부를 시작해야 합니다. 영어 원어민과 능수능란하게 대화를 할 정도로 영어를 익히는 것은 물론 어렵습니다. 하지만 길거리의 수많은 영어 간판들을 읽고, 기본적인 영어 단어들만 알아도 세상은 분명 달라 보일 것입니다.

알파벳부터 여행영어까지!

이 책은 알파벳이 어떻게 생겼는지, 각 알파벳은 어떤 소리를 내는지, 영어 문장은 어떻게 이루어지는지, 해외여행을 할 때 어떤 영어 표현들이 필요한지를 담았습니다. 어려운 문법 용어는 배제하였고, 각 영단어에 발음을 표기해 초급자도 쉽게 이해할 수 있도록 하였습니다. 또 홍대 거리의 영어 간판 읽기, 영어 외래어와 신조어 이해하기, 인터넷 시작하기 등의 부록을 삽입하여 흥미롭게 영어를 접할 수 있도록 하였습니다.

총 60강으로 이루어져 있으니 딱 60일만 해보자 마음먹고 하루하루 주어진 분량을 학습해 보세요. 이때 책만 보는 것은 아무것도 공부하지 않은 것과 같습니다. 반드시 음원을 함께 들으며 학습하세요! 음원을 듣기만 하면 반의 반도 공부하지 않은 것과 같습니다. 반드시 음원을 따라 말하며 학습하세요! 영어는 언어이기 때문에 듣고 말하는 것이 최종 목표입니다. 눈과 펜이 아니라, 귀와 입으로 익혀야 한다는 것을 잊지 마세요.

이 작은 책을 통해 여러분의 남은 인생이 더욱 풍요로워지길 기원합니다.

저자 **김근형 · 서소영**

차례

1 알파벳 모양 익히기

Day1	Aa Bb Cc Dd Ee Ff Gg	8
Day2	Hh Ii Jj Kk Ll Mm Nn	14
Day3	Oo Pp Qq Rr Ss Tt Uu	20
Day4	Vv Ww Xx Yy Zz	26
Day5	알파벳 노래를 부르며 외워 보세요	31

2 알파벳 소리 익히기

Day6	모음 Aa의 소리는 '애'	36
Day7	모음 Ee의 소리는 '에'	38
Day8	모음 Ii의 소리는 '이'	40
Day9	모음 Oo의 소리는 '아'	42
Day10	모음 Uu의 소리는 '우'	44
Day11	Bb의 소리는 '브' / Cc의 소리는 '크'	46
Day12	Dd의 소리는 '드' / Ff의 소리는 'ㅍf'	48
Day13	Gg의 소리는 '그' / Hh의 소리는 '흐'	50
Day14	Jj의 소리는 '즈' / Kk의 소리는 '크'	52
Day15	Ll의 소리는 '르' / Mm의 소리는 '므'	54
Day16	Nn의 소리는 '느' / Pp의 소리는 '프'	56
Day17	Qq의 소리는 '쿠' / Rr의 소리는 '뤄'	58
Day18	Ss의 소리는 '스' / Tt의 소리는 '트'	60
Day19	Vv의 소리는 'ㅂv' / Ww의 소리는 '워'	62
Day20	Xx의 소리는 '크스' / Yy의 소리는 '여'	64
Day21	Zz의 소리는 '즈z'	66

참고 - 알파벳의 기본 소리 외의 발음들   69

부록 I

젊음의 거리 홍대, 영어로 읽어 보자!

영어로만 쓰여 있는 커피숍들 헷갈리지 말자! 72
한글 발음 나는 대로 영어로 쓴 간판들 75
도대체 무엇을 파는 곳일꼬? 79
재미있게 영어 이름 짓기 84
간판 보니 영어 공부까지 되네? 89

3 영어 말문을 떼기 위한 문장 만들기

Day22	한국어와 다른 영어의 순서	94
Day23	I am ~으로 나에 대해 말하기	98
Day24	I am ~으로 나의 상태에 대해 말하기	102
Day25	I think ~로 내 생각 말하기	106
Day26	I want ~로 원하는 것 말하기	110
Day27	I want you to ~로 상대방에게 부탁하기	114
Day28	내가 한 일 말하기	118
Day29	I will ~로 내가 미래에 할 일 말하기	121
Day30	Are you ~?로 질문하기	124
Day31	Do you ~?로 질문하기	128
Day32	Can I ~?로 양해 구하기	132
Day33	Please로 부탁하기	136
Day34	What is ~?로 무엇인지 물어보기	139
Day35	Do you think ~?로 의견 물어보기	142
Day36	I don't think ~로 반대 의견 말하기	146
Day37	I won't ~로 하지 않을 거라고 하기	150
Day38	You can ~으로 제안 또는 허락하기	154
Day39	Have you ever ~?로 해본 일 물어보기	157
Day40	What do you ~?로 무엇을 ~하는지 물어보기	161

부록 II

외래어 제대로 알기

외래어 제대로 알기	**166**
영어와 친해지는 영어가 포함된 신조어	**201**

4 영어 수다쟁이가 되기 위한 상황별 표현

Day41	한국에서 외국인에게 말 걸기	**212**
Day42	한국에서 외국인에게 길 알려 주기	**216**
Day43	손주와 영어로 대화하기	**219**
Day44	배우자와 영어로 대화하기	**222**
Day45	기내에서 입국 심사서 쓰기	**225**
Day46	입국 심사대 통과하기	**228**
Day47	수하물 찾기와 세관 통과하기	**232**
Day48	해외여행 중 길 묻기	**236**
Day49	해외여행 중 호텔 이용하기	**239**
Day50	호텔에서 요청하기	**243**
Day51	해외여행 중 음식 주문하기	**247**
Day52	해외여행 중 쇼핑하기	**250**
Day53	해외여행 중 물건을 잃어버렸을 때	**254**
Day54	해외여행 중 길을 잃어버렸을 때	**258**
Day55	해외여행 중 아플 때	**261**
Day56	외국인 관광객과 대화하기	**265**
Day57	현지인과 대화하기	**269**
Day58	한국 소개하기	**272**
Day59	항공권 구입하기	**276**
Day60	출국하기	**280**

부록 III

영어를 알면 인터넷이 쉬워진다

세상의 모든 정보가 있는 포털 사이트 이용하기	**284**
인터넷상의 나만의 우체통, 이메일 만들기	**287**
다양하고 저렴하다! 쇼핑 사이트 이용하기	**292**
영어는 나의 취미~ 영어 공부 (무료) 사이트 이용하기	**298**

1

알파벳 모양 익히기

영어 알파벳은 우리 한글의 ㄱ, ㄴ, ㄷ, ㄹ, ㅏ, ㅓ, ㅗ, ㅜ 등과 같은 것으로 총 26개로 이뤄졌어요. '에이 비이 씨이 디이~' 하는 노래는 모두 들어 보셨을 거예요. 우선, 이 알파벳부터 외워 봅시다. 총 26개의 알파벳은 각각 대문자(큰 글자)와 소문자(작은 글자) 두 가지씩 있으니 총 52개를 외우면 됩니다. 많다고 생각하지 마시고 천천히 쓰고 말하며 외워 보세요.

Day 1 Aa Bb Cc Dd Ee Ff Gg

① 에이 · Aa

'에이'의 대문자는 A이고 소문자는 a입니다. 순서대로 써 보세요.

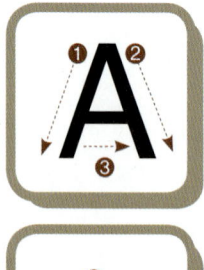

② 비이 · Bb

'비이'의 대문자는 B이고 소문자는 b입니다. 대문자의 위쪽 배만 없애면 소문자가 되네요. 순서대로 써 보세요.

③ 씨이 · Cc

'씨이'의 대문자는 C이고 소문자는 c입니다. 크기만 다르네요. 순서대로 써 보세요.

④ 디이 · Dd

'디이'의 대문자는 D이고 소문자는 d입니다. 대문자와 반대로 배가 나왔네요. 순서대로 써 보세요.

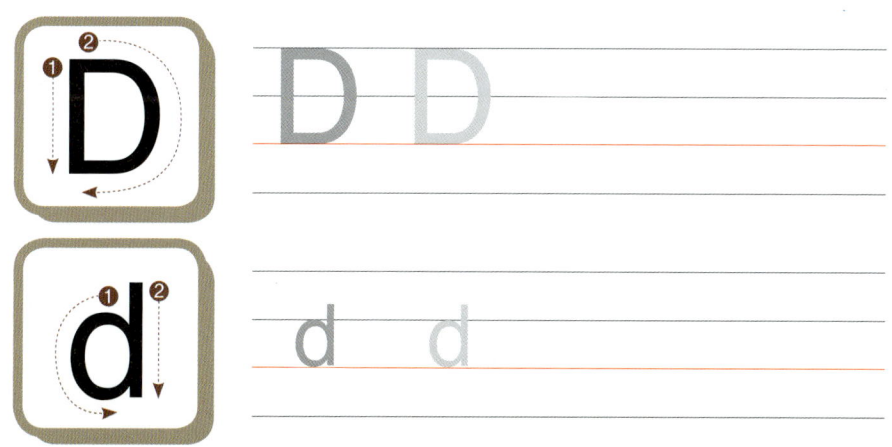

Day 1   Aa Bb Cc Dd Ee Ff Gg

❺ 이이 · Ee

'이이'의 대문자는 E이고 소문자는 e입니다. 순서대로 써 보세요.

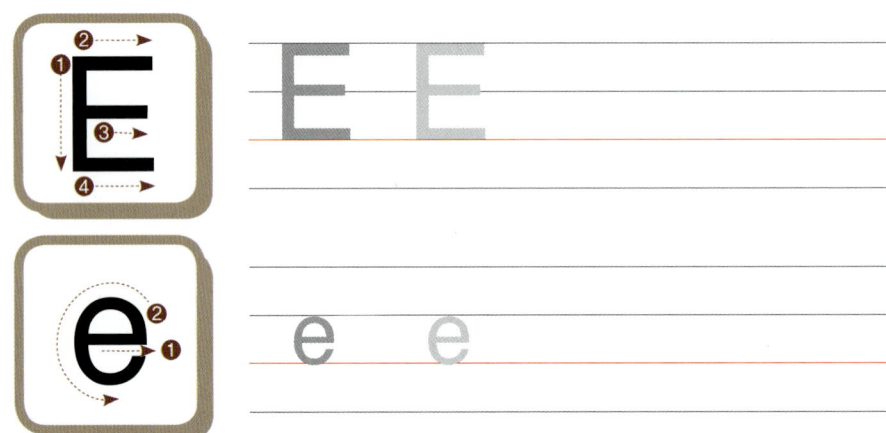

❻ 에프 · Ff

'에프'의 대문자는 F이고 소문자는 f입니다. 모양이 비슷하지요? 순서대로 써 보세요.

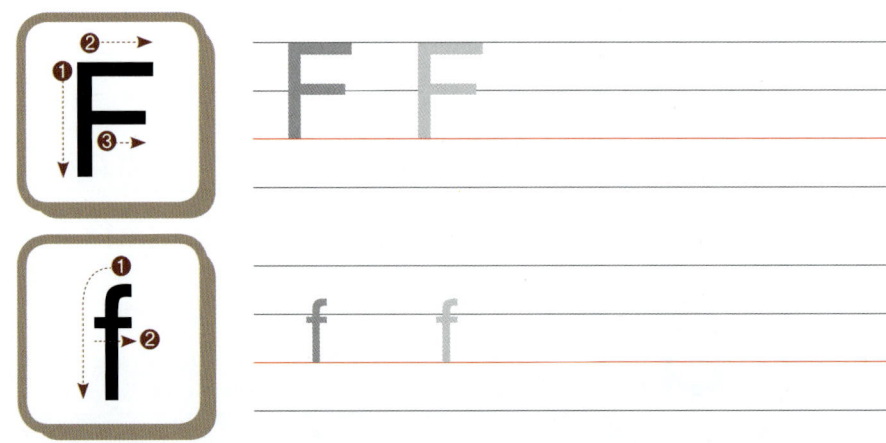

❼ 쥐이 · Gg

'쥐이'의 대문자는 G이고 소문자는 g입니다. 밑줄을 잘 맞춰 순서대로 써 보세요.

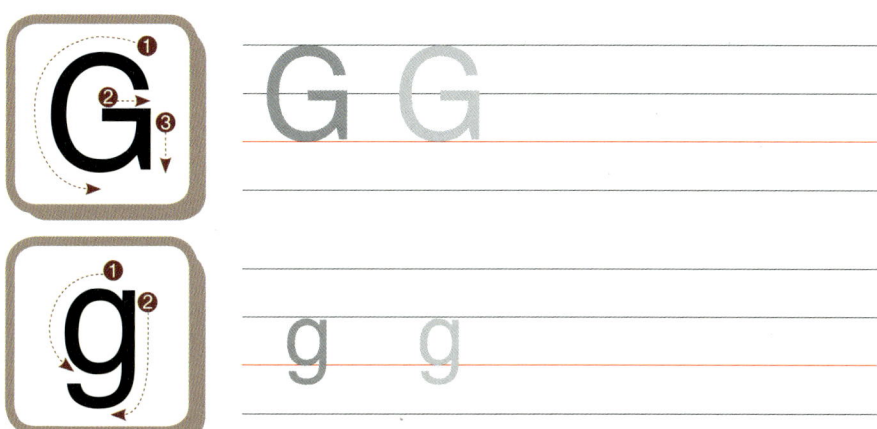

Aa부터 Gg까지 '에이 비이 씨이 디이 이이 에프 쥐이'라고 말하면서 다시 써 보세요.

A B C D E F G

[에이] [비이] [씨이] [디이] [이이] [에프] [쥐이]

한 가지 학습자 여러분께 당부드리고 싶은 말은 이 책에 한글로 병기된 발음은 단지 참고로만 활용하시고, 정확한 발음은 녹음된 미국 현지인의 발음을 따라하면서 습득하시기 바랍니다.

a b c d e f g

[에이] [비이] [씨이] [디이] [이이] [에프] [쥐이]

Day 2 Hh Ii Jj Kk Ll Mm Nn

❽ 에이취 · Hh

'에이취'의 대문자는 H이고 소문자는 h입니다. 대문자의 위쪽 작대기를 빼면 소문자가 되네요. 순서대로 써 보세요.

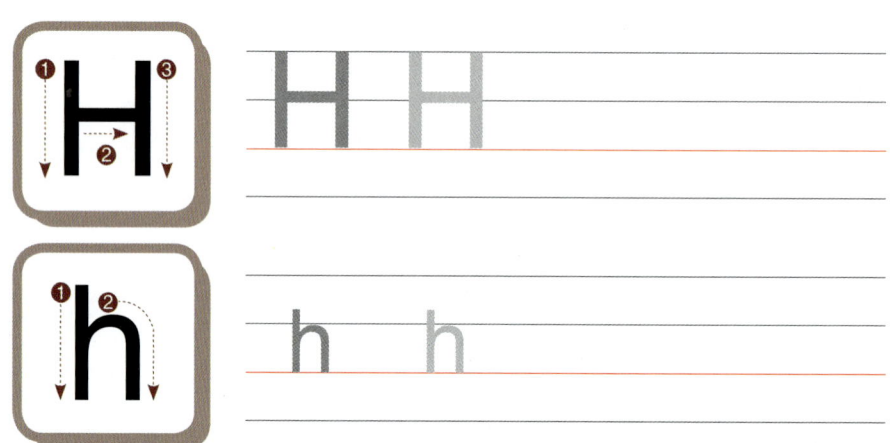

❾ 아이 · Ii

'아이'의 대문자는 I이고 소문자는 i입니다. 소문자의 점을 나중에 찍네요. 순서대로 써 보세요.

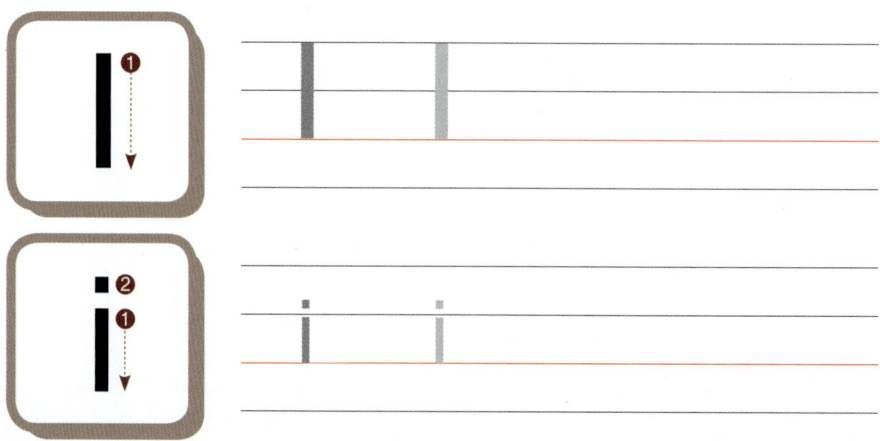

⑩ 제이 · Jj

'제이'의 대문자는 J이고 소문자는 j입니다. 순서대로 써 보세요.

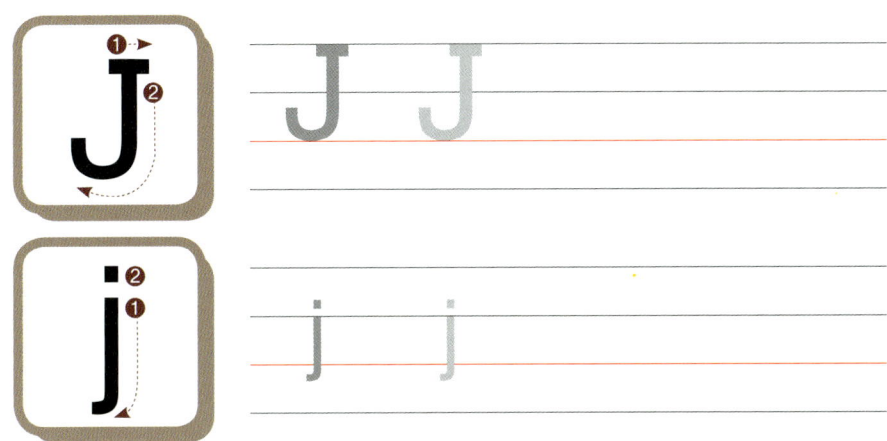

⑪ 케이 · Kk

'케이'의 대문자는 K이고 소문자는 k입니다. 크기만 좀 달라요. 순서대로 써 보세요.

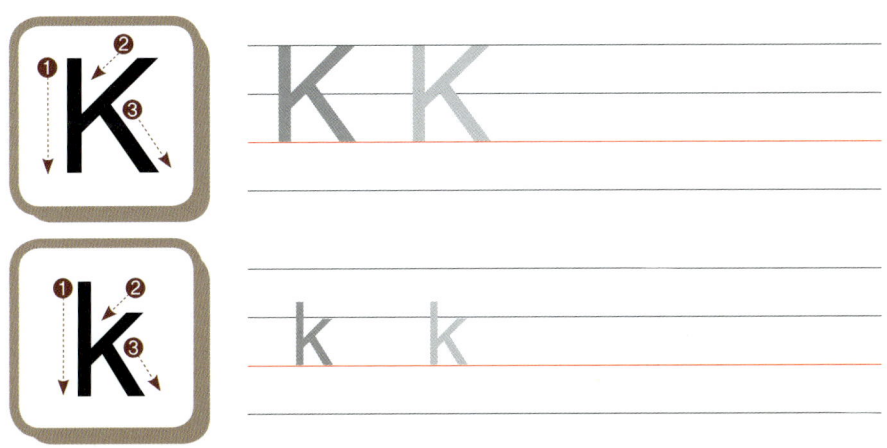

Day 2　Hh Ii Jj Kk Ll Mm Nn

⑫ 엘 · Ll

'엘'의 대문자는 L이고 소문자는 l입니다. 단순한 모양이네요. 순서대로 써 보세요.

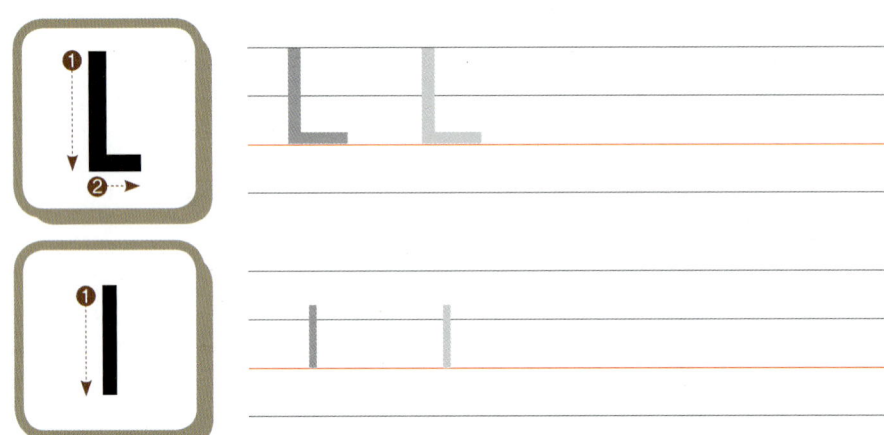

⑬ 엠 · Mm

'엠'의 대문자는 M이고 소문자는 m입니다. 뾰족한 산이 둥근 산이 된 모양이에요. 순서대로 써 보세요.

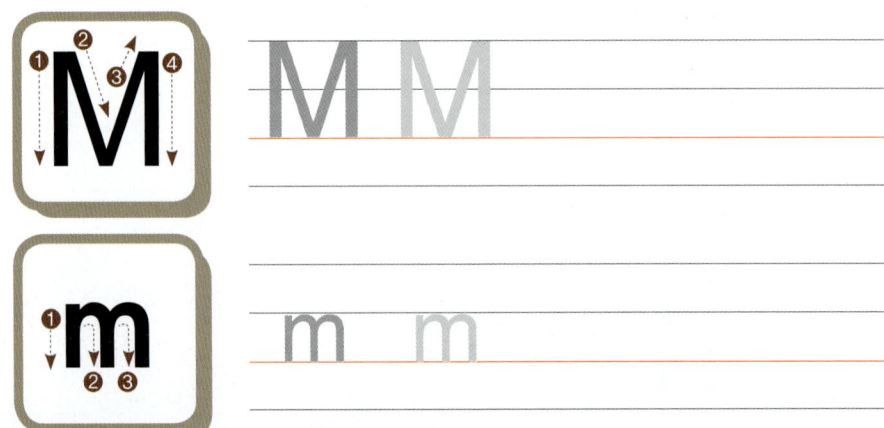

⑭ 엔 · Nn

'엔'의 대문자는 N이고 소문자는 n입니다. 순서대로 써 보세요.

Hh부터 Nn까지 '에이취 아이 제이 케이 엘 엠 엔'이라고 말하면서 다시 써 보세요.

H I J K L M N

[에이취] [아이] [제이] [케이] [엘] [엠] [엔]

h i j k l m n

[에이취]　[아이]　[제이]　[케이]　[엘]　[엠]　[엔]

Day 3 Oo Pp Qq Rr Ss Tt Uu

⑮ 오우 · Oo

'오우'의 대문자는 O이고 소문자는 o입니다. 크기만 달라요. 순서대로 써 보세요.

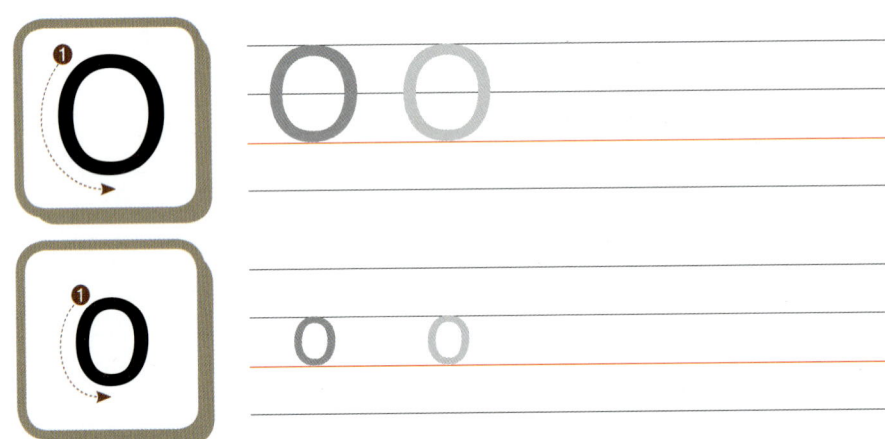

⑯ 피이 · Pp

'피이'의 대문자는 P이고 소문자는 p입니다. 순서대로 써 보세요.

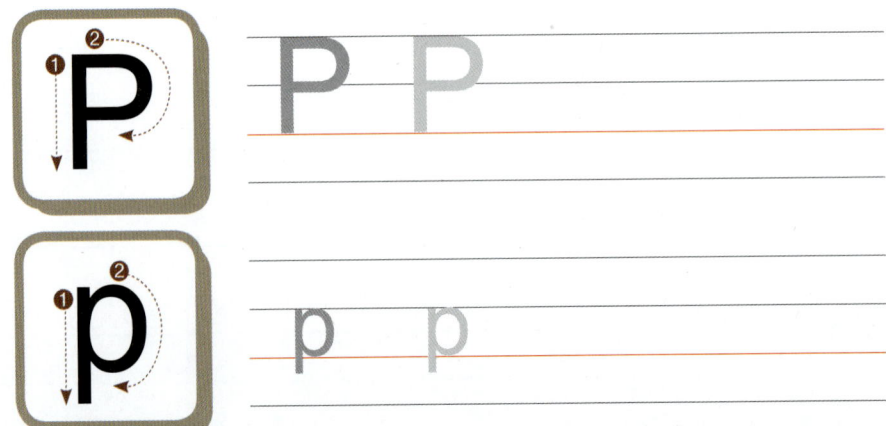

⑰ 큐우 · Qq

'큐우'의 대문자는 Q이고 소문자는 q입니다. '피이'의 소문자와 방향만 다르네요. 순서대로 써 보세요.

⑱ 아알 · Rr

'아알'의 대문자는 R이고 소문자는 r입니다. 순서대로 써 보세요.

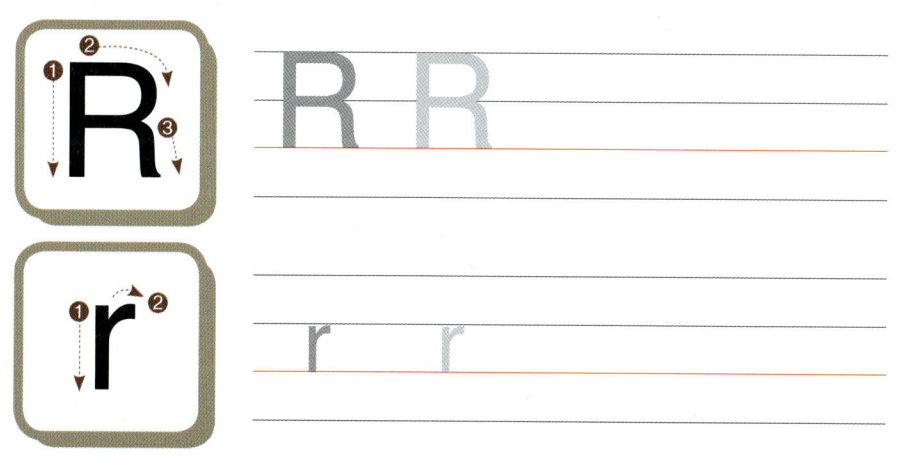

Day 3 Oo Pp Qq Rr Ss Tt Uu

⑲ 에스 · Ss

'에스'의 대문자는 S이고 소문자는 s입니다. 크기만 달라요. 순서대로 써 보세요.

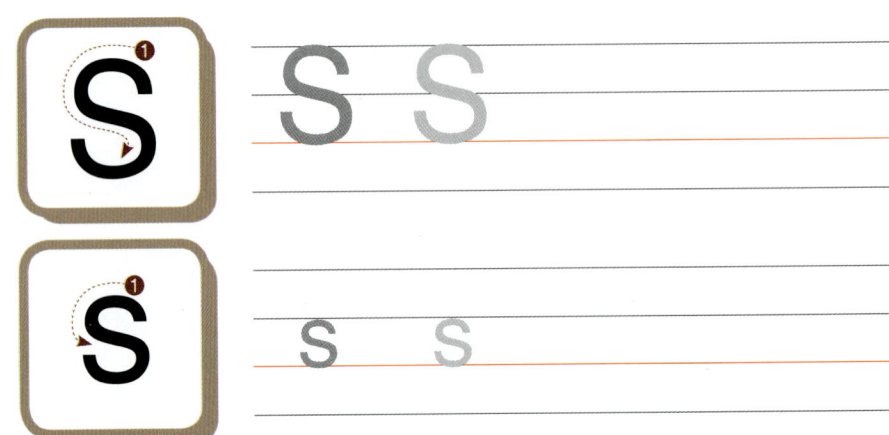

⑳ 티이 · Tt

'티이'의 대문자는 T이고 소문자는 t입니다. 순서대로 써 보세요.

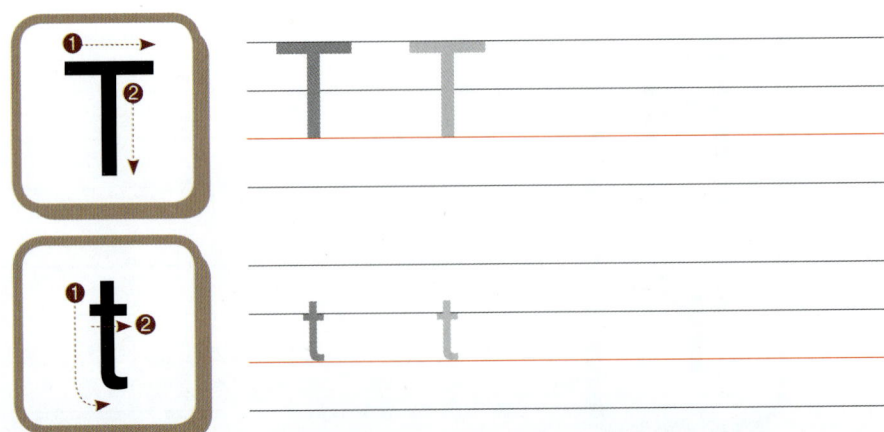

21 유우 · Uu

'유우'의 대문자는 U이고 소문자는 u입니다. 소문자에만 귀여운 꼬리가 있네요. 순서대로 써 보세요.

Oo부터 Uu까지 '오우 피이 큐우 아알 에스 티이 유우'라고 말하면서 다시 써 보세요.

O P Q R S T U

[오우]   [피이]   [큐우]   [아알]   [에스]   [티이]   [유우]

o p q r s t u

[오우] [피이] [큐우] [아알] [에스] [티이] [유우]

Day 3 – Oo Pp Qq Rr Ss Tt Uu

Day 4   Vv Ww Xx Yy Zz

㉒ 브이 · Vv

'브이'의 대문자는 V이고 소문자는 v입니다. 크기만 달라요. 순서대로 써 보세요.

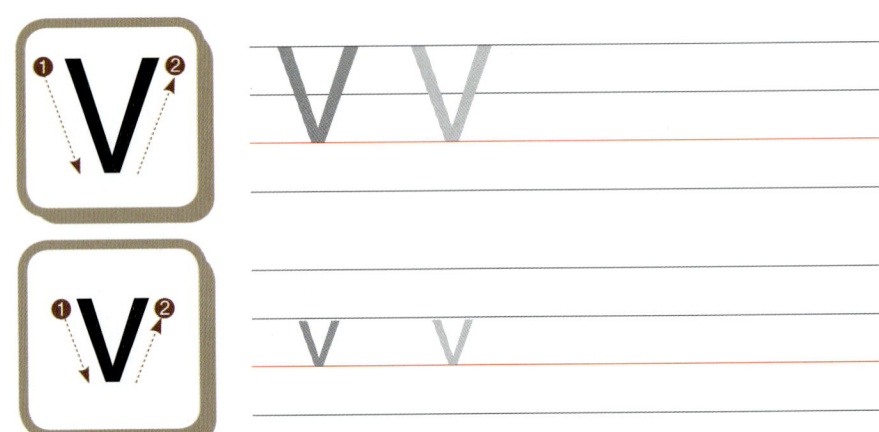

㉓ 더블유 · Ww

'더블유'의 대문자는 W이고 소문자는 w입니다. 마찬가지로 크기만 다릅니다. 순서대로 써 보세요.

24 엑스 · Xx

'엑스'의 대문자는 X이고 소문자는 x입니다. 쉽지요? 순서대로 써 보세요.

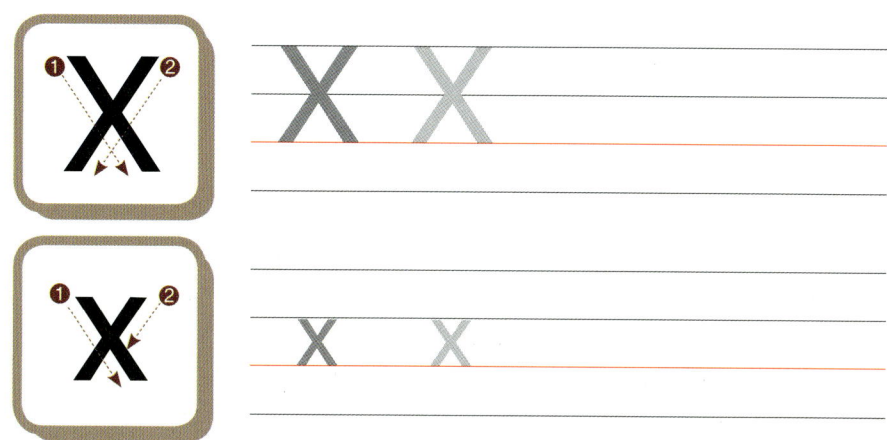

25 와이 · Yy

'와이'의 대문자는 Y이고 소문자는 y입니다. 와이셔츠 목 부분처럼 생겼어요. 순서대로 써 보세요.

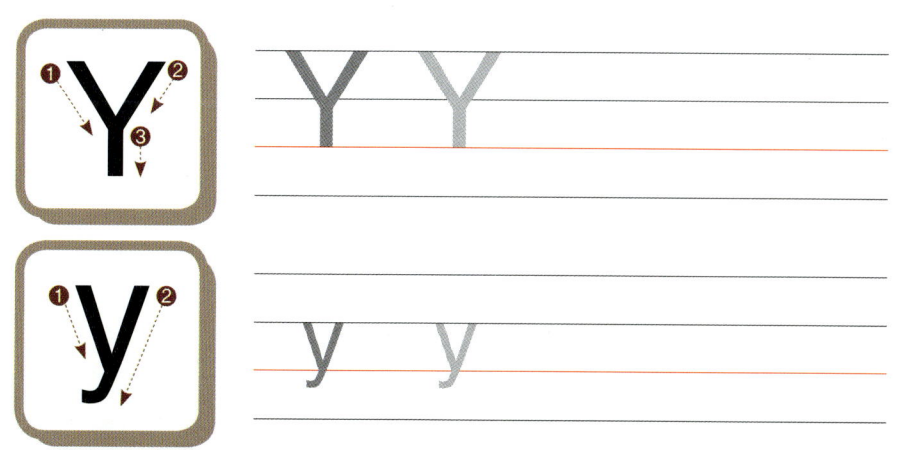

Day 4 Vv Ww Xx Yy Zz

26 즈이 · Zz

'즈이'의 대문자는 Z이고 소문자는 z입니다. '제트'라고도 해요. 순서대로 써 보세요.

Vv부터 Zz까지 '브이 더블유 엑스 와이 즤이'라고 말하면서 다시 써 보세요.

V W X Y Z

[브이] [더블유] [엑스] [와이] [즤이]

track 4

v w x y z

[브이]   [더블유]   [엑스]   [와이]   [지이]

Day 5

track 5

알파벳 노래를 부르며 외워 보세요

씨디 5번 트랙을 재생하고, 다음 표를 보면서 알파벳 노래를 불러 보세요!

A a	B b	C c	D d	E e	F f	G g
에이	비이	씨이	디이	이이	에프	쥐이
H h	I i	J j	K k	L l	M m	N n
에이취	아이	제이	케이	엘	엠	엔
O o	P p	Q q	R r	S s	T t	U u
오우	피이	큐우	아알	에스	티이	유우
V v	W w	X x	Y y	Z z		
브이	더블유	엑스	와이	즤이		

 읽으면서 써 보기

알파벳 노래를 부르며 써 보세요.

A B C D E F G
[에이] [비이] [씨이] [디이] [이이] [에프] [쥐이]

H I J K L M N
[에이취] [아이] [제이] [케이] [엘] [엠] [엔]

O P Q R S T U
[오우] [피이] [큐우] [아알] [에스] [티이] [유우]

V W X Y Z

[브이]　[더블유]　[엑스]　[와이]　[지이]

a b c d e f g

[에이]　[비이]　[씨이]　[디이]　[이이]　[에프]　[쥐이]

h i j k l m n

[에이취]　[아이]　[제이]　[케이]　[엘]　[엠]　[엔]

o p q r s t u

[오우] [피이] [큐우] [아알] [에스] [티이] [유우]

v w x y z

[브이] [더블유] [엑스] [와이] [지이]

2

알파벳 소리 익히기

우리말의 ㄱ, ㄴ, ㄷ, ㄹ, ㅏ, ㅓ, ㅗ, ㅜ처럼 알파벳도 각각 소리를 갖고 있습니다. 우리말처럼 명확하진 않아서 조금 어렵기도 한데요, 기본적인 소리만 알면 웬만큼 읽을 수 있으니까 재미있게 익혀 보세요. 사실 영어는 철자 그대로 읽지 않는 단어가 많아서 처음 보는 경우 원어민들도 못 읽기도 한답니다. 역시 한글만 한 글자는 없어요!

Day 6

track 6

모음 Aa의 소리는 '애'

자음과 모음 알고 계신가요? 한글의 ㄱ, ㄴ, ㄷ, ㄹ 같은 것들이 자음이고 ㅏ, ㅓ, ㅗ, ㅜ 같은 것들이 모음입니다. 한글은 ㄱ과 ㅏ가 모여 '가'라는 소리가 되는 것처럼 자음과 모음이 합쳐져야만 소리가 되는데, 영어는 모음만으로도 소리가 될 수 있어요. Aa가 바로 모음인데 혼자서 '애'라는 소리가 되기도 한답니다. 물론 자음과 만나 'ㅐ'의 역할을 하기도 하고요. 그리고 때에 따라 '아' 또는 '어', '에이'로 발음되기도 합니다.

① Aa의 소리가 '애'일 때

apple	애플	사과
action	액션	행동
Africa	애프ᵳ뤼카	아프리카

*나라 이름 등 고유명사의 첫 자는 대문자를 써요.

② Aa의 소리가 '아'일 때

aqua	아쿠워	수분, 물
art	알트	예술
army	알미	군대

③ Aa의 소리가 '어'일 때

alarm	얼람	경보음
about	어바우트	~에 관하여
amazing	어메이징z	놀라운

④ Aa의 소리가 '에이'일 때

ape	에이프	유인원
Amy	에이미	에이미(인명)

*사람 이름 등 고유명사의 첫 자는 대문자를 써요.

Asia	에이시아	아시아

*지역 이름 등 고유명사의 첫 자는 대문자를 써요.

읽으면서 써 보기

apple
[애플]

action
[액션]

Africa
[애프r뤼카]

aqua
[아쿠워]

art
[알트]

army
[알미]

alarm
[얼람]

about
[어바우트]

amazing
[어메이징z]

ape
[에이프]

Amy
[에이미]

Asia
[에이시아]

Day 7

track 7

모음 Ee의 소리는 '에'

Ee는 Aa와 마찬가지로 모음입니다. Aa의 기본 소리 '애'보다 입술을 덜 벌리고 '에'라고 발음해 보세요. Ee도 자음 없이 홀로 '에'로 발음되기도 하고 자음과 만나 모음 'ㅔ'의 역할을 하기도 합니다. 때에 따라 '이', '으'로 발음되기도 합니다.

① Ee의 소리 '에'가 앞에 있을 때

editor	에디털	편집자
enter	엔털	들어가다
every	에브v뤼	모든

② Ee의 소리 '에'가 중간에 있을 때

b**e**nch	벤취	긴 의자
c**e**nter	쎈터	가운데
d**e**ntist	덴티스트	치과 의사

③ Ee의 소리가 '이'일 때

electronic	일렉트로닉	전자의
election	일렉션	선거
eve	이브v	하루 전날

④ Ee의 소리가 '으'일 때

ev**e**ry	에브v뤼	모든
ev**e**	이브v	하루 전날

2. 알파벳 소리 익히기

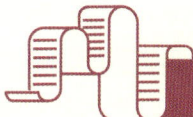 읽으면서 써 보기

editor
[에디털]

enter
[엔털]

every
[에브v뤼]

bench
[벤취]

center
[센터]

dentist
[덴티스트]

electronic
[일렉트로닉]

election
[일렉션]

eve
[이브v]

every
[에브v뤼]

Day 8

 track 8

모음 Ii의 소리는 '이'

Ii는 '애'의 Aa, '에'의 Ee와 마찬가지로 모음입니다. 기본 소리는 '이'이고요, Aa가 때에 따라 '에이'로 발음되었던 것처럼, Ii는 때에 따라 '아이'로 발음됩니다. 다음 단어들로 연습해 보세요.

❶ Ii의 소리 '이'가 앞에 올 때

in	인	(어느 곳의) 안에
issue	이슈	사건, 주제, 쟁점
idiom	이디엄	숙어, 관용적으로 쓰이는 표현

❷ Ii의 소리 '이'가 중간에 올 때

bid	비드	입찰
cigar	씨갈	담배
dig	디그	(구멍 등을) 파다

❸ Ii의 소리가 '아이'일 때

ice	아이쓰	얼음
idea	아이디어	생각, 발상
bike	바이크	자전거

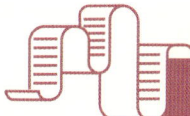 읽으면서 써 보기

in
[인]

issue
[이슈]

idiom
[이디엄]

bid
[비드]

cigar
[씨갈]

dig
[디그]

ice
[아이쓰]

idea
[아이디어]

bike
[바이크]

Day 9

track 9

모음 Oo의 소리는 '아'

Oo는 '애' 소리의 Aa, '에' 소리의 Ee, '이' 소리의 Ii와 같이 모음입니다. 바로 '아' 소리가 기본이며, 때에 따라 '어'나 '오우'로 발음되기도 합니다. 우리나라 모음처럼 발음이 하나씩 딱딱 있으면 정말 좋을 텐데……. 좀 헷갈리지만 차근차근 익혀 보세요.

① Oo의 소리가 '아'일 때

odd	아드	이상한
common	카멘	흔한, 평범한
dot	다트	점

② Oo의 소리가 '어'일 때

son	썬	아들
dog	더그	강아지
open	어픈	열다

③ Oo의 소리가 '오우'일 때

nose	노우즈z	코
bone	보운	뼈
joke	조우크	농담

읽으면서 써 보기

odd
[아드]

common
[카멘]

dot
[다트]

son
[썬]

dog
[더그]

open
[어픈]

nose
[노우즈z]

bone
[보운]

joke
[조우크]

Day 10

track 10

모음 Uu의 소리는 '우'

Uu는 알파벳의 마지막 자음으로 '우' 소리를 기본으로 갖고 있습니다. 때에 따라 '어'나 '유'로 발음되기도 하지요. 모음의 기본 소리 모두 기억하시나요? Aa의 '애', Ee의 '에', Ii의 '이', Oo의 '아', 그리고 마지막으로 Uu의 '우'입니다.

1. Uu의 소리가 '우'일 때

fl**u**	플f루	감기
bl**u**e	블루	파란색
cl**u**e	클루	단서, 실마리

2. Uu의 소리가 '어'일 때

f**u**nny	퍼f니	재미있는
urgent	얼젼z트	위급한
d**u**mp	덤프	버리다

3. Uu의 소리가 '유'일 때

user	유절z	이용자
h**u**man	휴먼	인간
j**u**ice	쥬스	과일 음료

2. 알파벳 소리 익히기

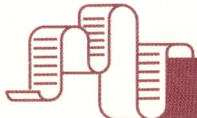

읽으면서 써 보기

flu
[플f루]

blue
[블루]

clue
[클루]

funny
[퍼f니]

urgent
[얼전z트]

dump
[덤프]

user
[유절z]

human
[휴먼]

juice
[쥬스]

Day 11

 track 11-1

Bb의 소리는 '브'

Bb는 우리말의 자음 ㅂ과 매우 비슷해요. 약간 차이가 있다면 ㅂ보다 좀 더 목(성대)을 울리며 발음한다는 것이죠. 영어 발음이 낯설게 들리는 이유 중 하나가 목을 울리는 발음이 있기 때문이에요. 한번 연습해 보세요. '브'를 길게 발음하며 목을 울려 보세요. '박' 씨를 영어로 Park으로 쓰는데요, ㅂ 발음을 할 때 목을 울리지 않으면 원어민에겐 ㅍ처럼 들려서 그렇게 쓰게 되었다고 해요. Bb의 소리 '브'를 연습해 보세요.

bar	바알	막대기
Bali	밸리	발리(섬 이름)
a**b**out	어바우트	~에 관하여
A**bb**a	애버	아바(팝 그룹 이름)
ca**b**	캐브	택시
ta**b**	태브	식별표, 색인표

 track 11-2

Cc의 소리는 '크'

Cc는 우리말 자음 ㅋ과 비슷합니다. 기본적으로 '크'라고 생각하면 되고요, 가끔 ㅅ 발음이 나기도 하는데, 세게 발음되어 ㅆ과 비슷합니다.

cat	캐트	고양이
cake	케이크	케이크
a**c**tion	액션	행동
a**c**tivity	액티비v리	활동
a**c**e	에이쓰	고수
Cindy	씬디	신디(인명)

2. 알파벳 소리 익히기

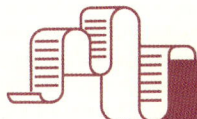 읽으면서 써 보기

bar
[바알]

Bali
[밸리]

about
[어바우트]

Abba
[애버]

cab
[캐브]

tab
[태브]

cat
[캐트]

cake
[케이크]

action
[액션]

activity
[액티비v리]

ace
[에이쓰]

Cindy
[씬디]

Day 12

track 12-1

Dd의 소리는 '드'

Dd는 우리말 자음 ㄷ과 비슷합니다. 조금 다른 것이 있다면 Bb와 마찬가지로 목을 울려 발음해야 한다는 것입니다. 목을 울리며 '드' 하고 연습해 보세요.

dad	대드	아빠
date	데이트	날짜, 남녀 간의 만남
out**d**oor	아웃도얼	야외의
rea**d**er	뤼덜	독자
ba**d**	배드	나쁜
ma**d**	매드	미친

track 12-2

Ff의 소리는 '프f'

Ff는 우리말에 없는 발음입니다. 그래서 가장 익숙하지 않고 하기도 어려운 발음이지요. 말씀 드리는 대로 입술과 치아 모양을 만들어 보세요. 일단 입술을 살짝 벌리고 윗니를 아랫입술에 대세요. 그리고 그 상태에서 '프' 하고 바람을 내보내 보세요. '프'도 아니고 '흐'도 아닌, 한글로 쓸 수 없는 그 발음이 바로 Ff입니다. 이 책에선 '프f'로 표기하겠습니다.

friend	프f렌드	친구
family	패f밀리	가족
fast	패f스트	빠른
ca**f**eteria	캐페f테리아	구내식당
co**ff**ee	커피f	커피
e**ff**ect	에펙f트	영향
in**f**ormation	인포f메이션	정보

2. 알파벳 소리 익히기

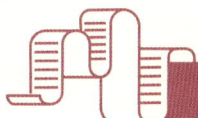 읽으면서 써 보기

dad
[대드]

date
[데이트]

outdoor
[아웃도얼]

reader
[뤼덜]

bad
[배드]

mad
[매드]

friend
[프f렌드]

family
[패f밀리]

fast
[패f스트]

cafeteria
[캐페f테리아]

coffee
[커피f]

information
[인포f메이션]

Day 13

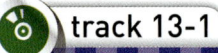 track 13-1

Gg의 소리는 '그'

Gg는 우리말의 자음 'ㄱ'과 비슷한데 Bb의 'ㅂ', Dd의 'ㄷ'과 마찬가지로 목을 좀 더 울려 주면 됩니다. '그' 하고 길게 목을 울리며 발음해 보세요. 또 'ㅈ'과 비슷하게 발음되기도 합니다.

gag	개그	개그
gap	갭	차이
mega	메가	아주 큰
bag	배그	가방
giant	자이언트	거인
original	오뤼지널	원래의

 track 13-2

Hh의 소리는 'ㅎ'

Hh는 우리말의 자음 'ㅎ'과 발음이 거의 같습니다. '묵음'이라 하여 가끔 Hh가 있는데 소리가 안 나는 경우를 제외하고는 모두 'ㅎ'로 발음되니 쉽게 생각해도 좋을 것 같아요.

hat	해트	모자
helmet	헬메트	헬멧
aha	아하	아하(감탄사)
ahead	어헤드	앞으로
hour	아우얼	시간
honest	어니스트	정직한

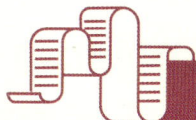

읽으면서 써 보기

gag
[개그]

gap
[갭]

mega
[메가]

bag
[배그]

giant
[자이언트]

original
[오뤼지널]

hat
[해트]

helmet
[헬메트]

aha
[아하]

ahead
[어헤드]

hour
[아우얼]

honest
[어니스트]

Day 14

track 14-1

Jj의 소리는 '즈'

Jj는 우리말의 자음 ㅈ과 비슷합니다. 차이가 있다면 입천장과 혀 사이로 바람을 진동시키며 내보낸다는 점입니다. '즈' 하고 길게 발음하면서 바람을 내보내 보세요.

jam	잼	잼
jelly	젤리	젤리
jungle	정글	정글
en**j**oy	인조이	즐기다
in**j**ury	인져뤼	부상
in**j**ect	인젝트	주입하다, 주사를 놓다

track 14-2

Kk의 소리는 '크'

Kk는 우리말의 자음 ㅋ과 같은 소리입니다. 앞에서 '크'로 발음되는 알파벳이 또 있었는데 기억하시나요? 바로 Cc입니다. Cc는 때로 '스'로 발음되기도 하지만 Kk는 '크'로 발음됩니다. 때론 묵음으로 발음되지 않는 경우도 있지만요.

kid	키드	어린이
king	킹	왕
ca**k**e	케이크	케이크
o**k**ay	오케이	괜찮은
knock	나크	(문 등을) 두드리다
knife	나이프f	칼

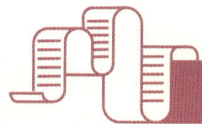 읽으면서 써 보기

jam
[잼]

jelly
[젤리]

jungle
[정글]

enjoy
[인조이]

injury
[인져뤼]

inject
[인젝트]

kid
[키드]

king
[킹]

cake
[케이크]

okay
[오케이]

knock
[나크]

knife
[나이프f]

Day 15

track 15-1

Ll의 소리는 '르'

Ll은 우리말 자음의 ㄹ과 비슷합니다. 그런데 혀의 위치를 좀 신경 쓰면 더욱 정확한 발음을 할 수 있어요. 혀끝을 윗니에 갖다 대 보세요. 그리고 혀를 떼며 '르', '르' 하며 반복적으로 연습해 보세요.

land	랜드	땅
lid	리드	뚜껑
alarm	얼람	경보음
calendar	캘린덜	달력
all	얼	모든
call	컬	전화하다

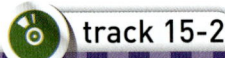 track 15-2

Mm의 소리는 '므'

Mm은 우리말의 자음 ㅁ과 같습니다. 어쩌면 가장 편한 발음이 아닐까 해요. 그냥 입을 다물고 있다가 벌리면 자연스럽게 나오는 발음이죠. 그래서 인간이 처음 하는 말인 '엄마'라는 단어가 세계적으로 비슷한 것이라고 해요. 영어로도 '마마(mama)', 중국어로도 '마마(妈妈)', 일본어로도 '마마(ママ)'인 것처럼요.

mad	매드	미친
melon	멜런	멜론
lamp	램프	전등
hammer	해멀	망치
ham	햄	햄(고기를 훈제한 것)
gram	그램	그램(중량의 단위)

2. 알파벳 소리 익히기

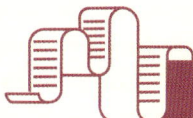 읽으면서 써 보기

land
[랜드]

lid
[리드]

alarm
[얼람]

calendar
[캘린덜]

all
[얼]

call
[컬]

mad
[매드]

melon
[멜런]

lamp
[램프]

hammer
[해멀]

ham
[햄]

gram
[그램]

Day 16

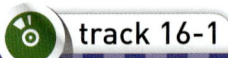 track 16-1

Nn의 소리는 '느'

Nn은 우리말의 자음 ㄴ과 같습니다. 좀 더 정확하게 영어식으로 발음하기 위해서는 혀의 위치만 주의하면 되는데요, Ll을 발음할 때의 혀 위치 기억하세요? 바로 그 위치예요. 혀끝을 윗니의 바로 뒤에 대었다가 떼면서 '느', '느' 하고 반복적으로 연습해 보세요.

nap	냅	낮잠
nine	나인	숫자 9
a**n**t	앤트	개미
ba**n**d	밴드	묶는 끈 또는 음악 밴드
ca**n**	캔	알루미늄 깡통
pe**n**	펜	펜(필기구)

 track 16-2

Pp의 소리는 'ㅍ'

Pp는 우리말의 자음 ㅍ과 비슷합니다. 그런데 영어엔 ㅍ과 비슷한 자음이 하나 더 있었죠? 바로 Ff인데요, Ff는 입을 살짝 벌린 상태에서 윗니를 아랫입술에 대고 '프' 하고 발음하는 것이고, Pp는 입술을 다문 상태에서 '프' 하고 발음하는 것입니다.

pet	페트	애완동물
pot	파트	냄비
ma**p**le	메이플	단풍나무
a**pp**eal	어필	호소 또는 매력
ma**p**	맵	지도
co**p**	카프	경찰관

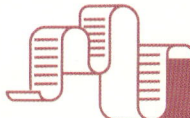
읽으면서 써 보기

nap
[냅]

nine
[나인]

ant
[앤트]

band
[밴드]

can
[캔]

pen
[펜]

pet
[페트]

pot
[파트]

maple
[메이플]

appeal
[어필]

map
[매프]

cop
[카프]

Day 17

Qq의 소리는 '쿠'

Qq는 주로 Uu와 함께 나오며 발음은 '쿠'입니다. 입술을 둥글게 내민 상태에서 '쿠', '쿠' 하고 연습해 보세요. 우리말에 없는 개념이라 어려울 수 있지만 단어를 통해 친숙해져 보세요.

queen	쿠윈	여왕
quick	쿠위크	빠른
question	쿠웨스쳔	질문
aqua	아쿠워	수분, 물
equal	이쿠얼	동일한
inquire	인쿠와이얼	질문하다

Rr의 소리는 '뤄'

Ff와 함께 Rr 역시 우리말에는 없는 발음이라 하기가 참 어렵습니다. 말을 할 때 혀에 힘을 주던 습관이 없는 우리나라 사람들에겐 혀에 힘을 주는 것 자체가 쉽지 않으니까요. 한번 혀에 힘을 주며 안쪽으로 동그랗게 말아 넣어 보세요. 그리고 그 상태에서 '뤄'라고 발음해 보세요. 그 소리가 바로 Rr의 소리입니다. 단어로 연습해 볼까요?

rain	뤠인	비
radio	뤠이디오우	라디오
card	칼드	카드
gorilla	거릴러	고릴라
bar	바알	막대기
car	카알	자동차

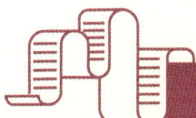

읽으면서 써 보기

queen
[쿠윈]

quick
[쿠위크]

question
[쿠웨스쳔]

aqua
[아쿠워]

equal
[이쿠얼]

inquire
[인쿠와이얼]

rain
[뤠인]

radio
[뤠이디오우]

card
[칼드]

gorilla
[거륄러]

bar
[바알]

car
[카알]

Day 18

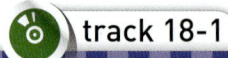 track 18-1

Ss의 소리는 '스'

Ss는 우리말 자음 ㅅ과 비슷합니다. 조금 다른 것이 있다면 '즈' 발음인 Jj가 혀와 입천장 사이로 바람을 많이 내보낸 것처럼, '스' 발음을 할 때도 바람을 의도적으로 내보내는 것입니다. 그리고 때에 따라 '즈'로 발음되기도 합니다. Ss가 맨 앞에 올 경우 세게 발음되어 '쓰' 발음이 되기도 하고요.

sun	썬	태양
sand	쌘드	모래
a**s**k	애스크	물어보다
ga**s**	개스	가스, 기체
pa**ss**	패스	통과하다, 합격하다

 track 18-2

Tt의 소리는 'ㅌ'

Tt는 우리말의 자음 ㅌ과 거의 같습니다. 그런데 영국에선 이 발음을 거의 정확히 내는 반면, 미국에선 강세가 없을 경우엔 마치 ㄹ처럼 약화시켜 발음해 버리기도 합니다. 예를 들어, party를 영국에선 '파티'로, 미국에선 '파뤼'로 발음하는 것이죠. 어느 경우든 편한 방식으로 발음하되 둘 다 알아들을 수 있으면 되겠지요?

tennis	테니스	테니스
table	테이블	탁자
coun**t**er	카운털	계산대
ba**tt**le	배를	싸움
ma**t**	매트	깔개
si**t**	씨트	자리에 앉다

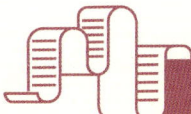 읽으면서 써 보기

sun
[썬]

sand
[쌘드]

ask
[애스크]

gas
[개스]

pass
[패스]

tennis
[테니스]

table
[테이블]

counter
[카운털]

battle
[배를]

mat
[매트]

sit
[씨트]

Day 19

 track 19-1

Vv의 소리는 '브v'

Vv는 우리말 자음의 ㅂ과 비슷하지만 분명히 다른 발음입니다. Ff와 똑같은 입모양, 즉 입술을 살짝 벌리고 윗니를 아랫입술에 댄 상태에서 목을 울리며 '브' 하고 길게 발음해 보세요. 둘 다 목을 울리는 것은 마찬가지이지만 Bb는 입술을 붙였다가 떼면서 '브'이고, Vv는 윗니를 아랫입술에 붙였다가 떼면서 '브'입니다. 이 책에선 Vv는 '브v'로 표시하겠습니다.

van	밴v	승합차
very	붸v뤼	매우
e**v**eryday	에브v뤼데이	매일
sur**v**ive	설바v이브v	살아남다
tele**v**ision	텔러비v젼	텔레비전

 track 19-2

Ww의 소리는 '워'

Ww는 우리말 자음의 ㅇ과 비슷하다고 볼 수도 있는데 발음은 기본적으로 '워'입니다. 입술을 둥글게 하고 목을 울리며 '워', '워' 하고 반복해서 연습해 보세요. 뒤에 어떤 모음이 오느냐에 따라 발음이 달라지니 단어를 통해 연습해 보겠습니다.

water	워러	물
want	원트	원하다
wet	웨트	물에 젖은
win	윈	이기다, 승리하다
wind	윈드	바람
worry	워뤼	걱정하다

2. 알파벳 소리 익히기

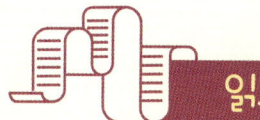 읽으면서 써 보기

van
[밴v]

very
[붸v뤼]

everyday
[에브v뤼데이]

survive
[썰바v이브v]

television
[텔러비v젼]

water
[워러]

want
[원트]

wet
[웨트]

win
[윈]

wind
[윈드]

worry
[워뤼]

Day 20

track 20-1

Xx의 소리는 '크스'

Xx 역시 우리말엔 없는 발음이라 쉽지 않습니다. 굳이 표현하자면 '크스' 정도가 될 것 같아요. 쉽게 파악이 안 되실 테니 단어를 보면서 연습해 봅시다.

fa**x**	팩f쓰	팩스 *통신 기기
bo**x**	박쓰	상자
fo**x**	팍f쓰	여우
te**x**t	텍쓰트	글자로 된 내용
ta**x**i	택씨	택시
e**x**it	엑씨트	출구

track 20-2

Yy의 소리는 '여'

Yy 역시 Ww와 마찬가지로 자음의 ㅇ과 비슷한데 기본적으로 '여' 소리에서 시작해요. 뒤에 어떤 모음이 붙느냐에 따라 소리가 달라지지요. 그리고 때론 모음처럼 '아이' 발음을 내기도 한답니다.

yard	얄드	마당
yap	얘프	시끄럽게 지껄이다
yet	예트	아직
yogurt	요우걸트	요구르트
be**y**ond	비얀드	~ 너머에
fl**y**	플f라이	날다
sk**y**	스카이	하늘

2. 알파벳 소리 익히기

읽으면서 써 보기

fax
[팩f쓰]

box
[박쓰]

fox
[팍f쓰]

text
[텍쓰트]

taxi
[택씨]

exit
[엑씨트]

yard
[얄드]

yap
[얘프]

yet
[예트]

yogurt
[요우걸트]

beyond
[비얀드]

fly
[플f라이]

sky
[스카이]

Day 21

track 21-1

Zz의 소리는 '즈z'

Zz는 우리말 자음 ㅈ과 비슷하지만, 다른 발음도 많이 갖고 있습니다. '스' 하면서 입천장과 혀끝 사이로 바람을 내보내며 발음한 Ss 기억하세요? Zz도 입천장과 혀끝 사이로 바람을 내보내면서 '즈'라고 길게 발음하면 됩니다. 이때 목도 같이 울려 줘야 해요. 편안하게 '즈'라고 발음하는 Jj와 구분해서 연습해 보세요. Zz는 '즈z'로 표기하겠습니다.

zip	집z	지퍼를 잠그다
zebra	지z브러	얼룩말
zero	지z로우	숫자 0
pu**zz**le	퍼즐z	퍼즐
pi**zz**a	피자z	피자
qui**z**	퀴즈z	퀴즈

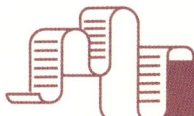
읽으면서 써 보기

zip
[집z]

zebra
[지z브러]

zero
[지z로우]

puzzle
[퍼즐z]

pizza
[피자z]

quiz
[퀴즈z]

씨디를 듣고 표를 보며 기본 소리를 정리해 보세요.

track 21-2

A a	B b	C c	D d	E e	F f	G g
애	브	크	드	에	프f	그
H h	I i	J j	K k	L l	M m	N n
흐	이	즈	크	르	므	느
O o	P p	Q q	R r	S s	T t	U u
아	프	쿠	뤄	스	트	우
V v	W w	X x	Y y	Z z		
브v	워	크스	여	즈z		

68 2. 알파벳 소리 익히기

참고

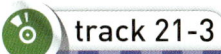 track 21-3

알파벳의 기본 소리 외의 발음들

지금까지 알파벳의 기본 소리를 익히느라 정말 수고 많으셨습니다. 이 정도면 대충 영어 단어를 보면 읽을 수 있을 텐데요, 앞서 말했듯 이외에도 영어는 수많은 방식으로 발음되기 때문에 새로운 단어를 만날 때마다 발음까지 함께 익혀 나가세요. 몇 가지 발음들을 정리해 드릴 테니 참고하세요.

① ch의 소리는 '취'

church	철취	교회
children	췰드런	어린이들
chicken	취킨	닭

② sh의 소리는 '쉬'

ship	쉽	(바다 위의) 배
shop	샵	가게
show	쇼우	공연물

③ th의 소리는 '드' 또는 '뜨'

th는 우리말에 없는 발음이라 주의해야 합니다. 입술을 살짝 벌린 상태에서 윗니와 아랫니 사이로 혀끝을 물고 목을 울리며 '드'라고 하거나 '뜨'라고 하면 됩니다. '드th', '뜨th'로 표기하겠습니다.

that	댓th	저것
there	데th얼	저기
thing	띵th	무언가
think	띵th크	생각하다

④ ee의 소리는 길게 '이'

see	씨이	보다
fee	피f이	수수료
bee	비이	벌 *곤충의 종류

⑤ ea의 소리는 길게 '이'

sea	씨이	바다
reason	뤼이즌z	이유
peace	피이쓰	평화

⑥ oo의 소리는 길게 '우'

cool	쿠울	멋진, 시원한
oops	우웁쓰	어머나 *감탄사
book	부우크	책

⑦ er, ir, or, ear 등의 소리는 '얼'

reader	뤼덜	독자, 읽는 사람
stir	스털	섞다
color	컬럴	색깔
search	썰취	조사하다

⑧ tion의 소리는 '션'

| portion | 폴션 | 일부분 |
| information | 인폴f메이션 | 정보 |

⑨ sion의 소리는 '션' 또는 '젼'

| tension | 텐션 | 긴장 상태 |
| illusion | 일루젼 | 환상 |

⑩ ng의 소리는 ㅇ 받침

sing	씽	노래하다
long	롱	길이가 긴
hang	행	매달다, 걸다

2. 알파벳 소리 익히기

• 부록 |

젊음의 거리 홍대,
영어로 읽어 보자!

자, 이제 영어를 어떻게 읽는지 조금 감이 잡히셨죠? 사실 영어를 몰라서 제일 답답한 건 거리의 수많은 영어를 읽지 못할 때일 것입니다. 훌륭한 한글 두고 왜 그리들 영어를 쓰는지! 하지만 트렌드가 그러니 어쩔 수 없지요. 다음은 홍대에서 찍어 온 사진들입니다. 이제 영어 간판으로 쓰여 있는 것들도 모두 읽어 보세요.

> **부록 I** 젊음의 거리 홍대, 영어로 읽어 보자!

영어로만 쓰여 있는 커피숍들 헷갈리지 말자!

요즘 커피숍들은 간판이 영어로만 쓰여 있거나 한글로 쓰여 있더라도 구석에 아주 작게 쓰여 있는 경우가 많습니다. 그래서 영어를 읽을 줄 모르면 찾기가 쉽지 않죠. 커피숍 간판들을 한번 읽어 볼까요?

The Coffee Bean

The Coffee Bean은 '(더th) 커피f 빈'이라고 읽고, '커피 콩'이란 뜻입니다. bean이 '콩' 또는 '콩과의 열매'란 뜻이거든요. 커피의 기본에 충실하고자 하는 의지를 표현한 이름이죠.

ZOO COFFEE

ZOO COFFEE는 '주z 커피f'라고 읽고, '동물원 커피'란 뜻입니다. zoo가 '동물원'이란 뜻이고, 이 커피 체인점은 동물원을 콘셉트로 꾸며져 있습니다. 커다란 동물 인형들이 여기저기 세워져 있죠.

COFFEE CLOUD

COFFEE CLOUD는 '커피f 클라우드'라고 읽고, '커피 구름'이란 뜻입니다. cloud는 '구름'이란 뜻인데, 기분이 아주 좋을 때 우리말로 '구름 위를 걷는 것 같다'고 표현하는 것처럼 영어로도 'I'm on cloud nine.(가장 높은 구름 위에 있다.)'이라고 표현하기도 합니다. 즉, 구름은 뭔가 기분 좋게 해주는 것이란 뉘앙스를 품고 있으므로, coffee cloud는 커피를 마시면 아주 기분이 좋아질 거란 의미를 담고 있는 것입니다. 참고로 cloud nine은 미국 기상청에서 구름을 높이에 따라 나눴을 때 가장 높은 구름을 뜻합니다. 이왕이면 높은 구름 위가 기분이 좋겠죠?

부록 | 젊음의 거리 홍대, 영어로 읽어 보자!

EDIYA COFFEE

EDIYA COFFEE는 '이디야 커피f'라고 읽고, ediya는 커피의 발상지인 에티오피아의 부족 이름에서 따온 것이라고 합니다. '대륙의 유일한 황제'라는 뜻도 있고요. 국내 브랜드로 비교적 합리적인 가격으로 많은 사랑을 받고 있습니다.

GREEN BEAN COFFEE

GREEN BEAN COFFEE는 '그린 비인 커피f'라고 읽는데, 유명 커피 브랜드인 스타벅스 커피(Starbucks Coffee)와 커피빈(The Coffee Bean)을 합친 것 같아요. 녹색 원 모양의 로고는 스타벅스의 로고를, green bean coffee란 이름은 커피빈의 이름을 패러디한 것 같은 모습입니다. 재미있지요?

한글 발음 나는 대로 영어로 쓴 간판들

사실은 한글인데 발음 나는 대로 영어로 쓰는 경우도 많습니다. 아무래도 트렌드에 따르다 보니 이런 방법을 쓰는 거겠죠? 사실 알파벳이 한글보다 디자인하기에 더 용이한 면은 있는 것 같아요. 받침 없이 깔끔하게 쓸 수 있으니까요.

ARITAUM

ARITAUM은 발음 그대로 읽으면 '아리타움'인데요, 사실 '아리따움'을 뜻합니다. '마음이나 몸가짐이 맵시 있고 곱다'는 뜻의 우리말 '아리땁다'의 명사형이죠. 화장품 업체 이름으로 아주 적합하네요.

부록 I 젊음의 거리 홍대, 영어로 읽어 보자!

noriter

noriter를 발음 그대로 읽으면 '노리터'입니다. 바로 '놀이터'를 뜻하죠. 아래엔 coffee & dream(커피 그리고 꿈)이라고 쓰여 있네요. 커피와 꿈을 파는 놀이터, 즉 커피 외에도 여러 가지 즐거움을 주는 커피숍을 나타냅니다.

GONG CHA

GONG CHA는 발음 그대로 읽으면 '공차'입니다. '바칠 공(貢)' 자와 '차 차(茶)' 자로, '차를 바치다'란 뜻을 가진 대만식 밀크티 브랜드입니다. 한자를 우리말로 읽고, 그것을 발음 나는 대로 영어로 옮겨서 탄생한 이름이네요.

BAR다

'BAR다'는 영어와 한글이 합쳐진 이름으로 '바다'라고 읽습니다. bar는 '술집'이란 뜻이므로 '술집이다'란 뜻으로 볼 수도 있고, 간판의 그림을 보니 푸른 '바다'를 뜻하기도 하는 것 같습니다. 바다를 느끼게 하는 술집 콘셉트인 거죠. 아주 기발한 이름입니다.

오Range Room

'오Range Room'은 '오렌지 룸'이라고 읽고, '오렌지색 방'이란 뜻입니다. 오렌지는 orange인데 알파벳 o를 한글 '오'로 대체한 것입니다. 발음도 비슷하고 모양도 비슷한 것을 재미있게 이용한 것이네요. 옆에 SOJU라고 쓰여 있는 것도 보이는데요, '소주'를 뜻합니다. 소주는 우리나라 술이니까 영어로도 소주라고 하면 돼요!

한글 발음 나는 대로 영어로 쓴 간판들

부록 | 젊음의 거리 홍대, 영어로 읽어 보자!

CANDLE NAMU

CANDLE NAMU는 '캔들 나무'라고 읽고, '초 나무'란 뜻입니다. candle은 '초'라는 뜻의 영어 단어이고, namu는 우리말 '나무'를 발음 나는 대로 쓴 것이죠. 최근 향기가 나는 초가 유행이잖아요. 아마도 향기로운 초가 나무에 주렁주렁 열려 있는 모습을 나타내고 싶었나 봅니다.

도대체 무엇을 파는 곳일꼬?

거리를 걷다 보면 영어로만 간판이 쓰여 있어서 무엇을 파는 가게인지 알기가 쉽지 않은 곳들도 많습니다. 물론 쇼윈도 안의 물건들을 보면 알 수 있겠지만 첫눈에 딱 알아보기 위해선 영어 간판을 읽을 수 있는 것이 좋겠지요?

SNOOTY BRUSH

SNOOTY BRUSH는 '스누티 브뤄쉬'라고 읽고, '도도한 솔'이란 뜻입니다. 과연 뭐하는 곳일까요? 바로 메이크업(makeup, 화장), 네일(nail, 손발톱) 등을 해주는 곳입니다. 화장을 하거나 매니큐어를 바를 때 모두 솔, 즉 브러쉬를 쓰잖아요. 도도한 손길로 솔질을 하는 모습을 떠올려 보세요.

| 부록 I | 젊음의 거리 홍대, 영어로 읽어 보자!

DEMON HAIR

DEMON HAIR는 '디먼 헤어'라고 읽고, 뜻은 '악마(의) 머리카락'입니다. hair란 단어가 들어간 것으로 보아 미용실임을 쉽게 알 수 있습니다. 주인은 아마도 악마처럼 강렬한 이미지를 전하고 싶은 모양입니다. 아, 그런데 아래를 보니 작게 STYLE DEMONSTRATE란 문구가 있네요. '스타일 데먼스트레이트'라고 읽고, demonstrate는 '보여 주다, 증명하다'란 뜻입니다. 즉, '스타일을 보여 주다'란 뜻이네요. 어쩌면 demonstrate의 일부에서 demon을 따 이름을 지었을 수도 있겠습니다.

EYE AVENUE

EYE AVENUE는 '아이 애버뉴'라고 읽고, '눈의 거리'란 뜻입니다. 여기서 눈은 얼굴에 있는 눈을 말하는데요, 눈과 관련된 가게임을 알 수 있습니다. 바로 안경, 렌즈 등을 파는 곳입니다.

LUSH

LUSH는 '러쉬'라고 읽고, '(식물이) 무성한'이란 뜻입니다. 안을 슬쩍 들여다보아도 아기자기 예쁜 것들이 가득해 보이기는 하는데 정확히 무엇을 파는 곳인지는 모르겠습니다. 그리고 다시 간판을 보니 FRESH HANDMADE COSMETICS라고 쓰여 있는 걸 볼 수 있습니다. '프뤠쉬 핸드메이드 카즈z메틱스'라고 읽고 '신선한 수제 화장품'이란 뜻입니다.

CAFE de COMICS

CAFE de COMICS는 '카페f 데 코믹스'라고 읽고, '만화 카페'란 뜻입니다. de는 프랑스어로 '~의'란 뜻입니다. 이곳은 만화도 보고 음료도 마실 수 있는 카페입니다. 주로 시간당 요금제로 운영되고 있고요.

부록 I | 젊음의 거리 홍대, 영어로 읽어 보자!

HAT'S ON

HAT'S ON은 '햇츠 언'이라고 읽고, 사진에서 보듯이 모자와 관련된 표현입니다. '모자를 쓰다'라는 표현으로 put(try) on a hat을 쓰는데, 영어에서 간단히 on만 써서 모자, 신발, 옷을 착용하다는 의미를 나타냅니다. 따라서 쓰다는 의미의 on을 써서 모자를 써 보다, 혹은 모자 (쓰는 것은)는 계속(on)된다는 의미로 이런 상호를 만든 거예요. 또한 on에는 '계속하다'는 의미도 있거든요.

CROW Piercing

CROW Piercing은 '크로우 피얼씽'이라고 읽고, '까마귀 피어싱'이란 뜻입니다. piercing은 귀나 코 등에 장신구를 끼우기 위해 뚫은 구멍을 말합니다. 귀나 코뿐 아니라 입술, 배꼽, 혀에까지 하기도 하죠. 이런 구멍을 뚫어 주는 곳입니다.

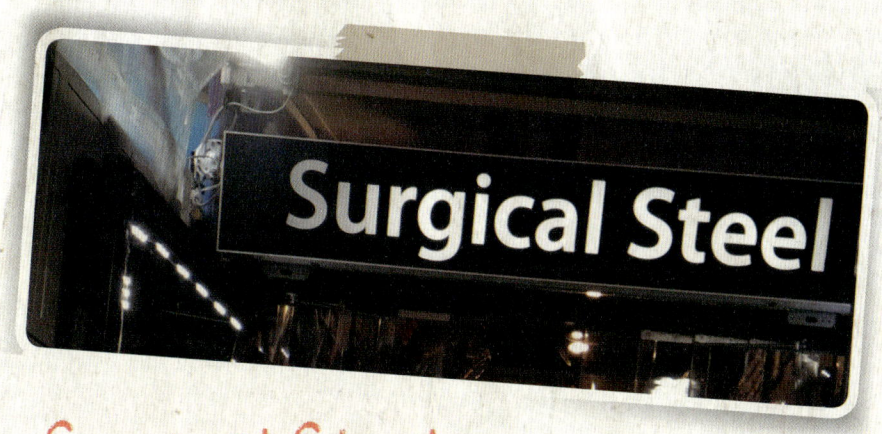

Surgical Steel

Surgical Steel은 '썰지컬 스띠일'이라고 읽고, '외과 수술용 금속'이란 뜻입니다. 역시 피어싱을 해주는 곳입니다. 피어싱도 몸에 상처를 내는 것이기 때문에 수술용 금속으로 만든 도구를 사용하는데, 여기서 착안한 이름인 거죠.

NOODLE BOX

NOODLE BOX는 '누들 박스'라고 읽고, '국수 상자'란 뜻입니다. 대부분의 방들이 상자처럼 육면체이기 때문에 국수를 파는 상점을 이렇게 표현했네요. 요즘 면 요리도 참 다양해져서 여기저기에 국수 전문점들이 많이 생겨나고 있답니다.

재미있게 영어 이름 짓기

이름은 짓는 사람 마음이지요? 영어도 마찬가지예요. 문법이 틀려도, 철자가 틀려도 상관없어요. 때론 일부러 틀리게 짓기도 한답니다. 세상에서 유일한 이름을 짓기 위해서 말이죠. 우리나라 브랜드 중에 '오뚜기'란 것이 있어요. 표준어는 '오뚝이'인데 일부러 그렇게 지은 거예요. 어찌 보면 틀렸지만, 유일한 이름이 된 거죠.

COMEBUY

COMEBUY는 '컴바이'라고 읽고, '오다'란 뜻의 come과 '사다'란 뜻의 buy를 합쳐서 만든 이름입니다. 즉, '와서 사라'는 의미죠. 문법에 맞게 쓰려면 "Come and buy!(와서 사세요!)" 또는 "Come to buy!(사러 오세요!)"라고 써야 하지만, 일부러 짧고 독특하게 만든 것입니다. 아래 작게 The world's tea shop이라고 쓰여 있네요. 전 세계의 차를 파는 상점이란 뜻입니다.

SEXYCOOKIE

SEXYCOOKIE는 '쎅씨쿠키'라고 읽고, '섹시한'이란 뜻의 sexy와 과자의 일종인 '쿠키'란 뜻의 cookie를 합쳐서 만든 이름입니다. '섹시한 과자'란 뜻이네요. 재미있는 이름이지요? 아래를 보니 modern stylish lingerie라고 쓰여 있습니다. '마던 스타일리쉬 란저뤠이'라고 읽고, '현대적이고 스타일리시한 속옷'이란 뜻입니다.

SKINFOOD

SKINFOOD는 '스킨푸f드'라고 읽고, '피부'란 뜻의 skin과 '음식'이란 뜻의 food를 합쳐서 만든 이름이에요. 즉, 피부를 위한 음식이란 뜻이죠. 화장품 브랜드인데 피부를 위한 음식처럼 좋은 화장품을 나타내는 것입니다. '먹지 마세요. 피부에 양보하세요.'란 멘트를 텔레비전 광고에서 본 적이 있으실 거예요. 바로 그 브랜드입니다.

재미있게 영어 이름 짓기

부록 I 젊음의 거리 홍대, 영어로 읽어 보자!

THEFACESHOP

THEFACESHOP은 '더th페f이스샵'이라고 읽고, '그'라는 뜻의 the와 '얼굴'이란 뜻의 face, '상점'이란 뜻의 shop을 합친 것입니다. 얼굴 상점? 얼굴과 관련된 것, 즉 화장품을 파는 곳입니다. 아래엔 NATURAL STORY라고 쓰여 있는데, '내츄뤌 스토뤼'라고 읽고, '자연적인 이야기'란 뜻입니다. 많은 화장품 브랜드와 마찬가지로 자연을 강조하고 있네요.

NATURE REPUBLIC

NATURE REPUBLIC은 '네이쳐 뤼퍼블릭'이라고 읽고, '자연 공화국'이란 뜻입니다. 공화국은 국민 투표로 국가원수를 뽑는 나라를 말합니다. 자연을 표방하는 나라……. 역시나 화장품 브랜드입니다. 몇 년 전부터 중저가 화장품 브랜드가 많이 생겨났지요?

Sweetruck

Sweetruck은 '스윗트뤽'이라고 읽고, '달콤한'이란 뜻의 sweet와 '트럭'이란 뜻의 truck을 합친 것입니다. 합치면서 t를 하나 없애고 필기체로 쓰여 있기까지 해서 알아보기가 쉽지 않습니다. 뜻은 '달콤한 트럭' 정도가 되겠고, 아이스크림을 파는 곳을 나타냅니다.

A to Z

A to Z를 읽을 때는 '에이 투 지z'라고 읽어요. 영어 알파벳은 a부터 시작해서 z까지 있죠? 즉 이 매장엔 처음부터 끝까지 없는 것 없이 다양한 물건이 있다는 뜻입니다.

부록 I 젊음의 거리 홍대, 영어로 읽어 보자!

4our Style HAIR

4our Style HAIR를 읽을 때는 '포f 스타일 헤얼'이라고 읽어요. 4our는 숫자 4를 나타내는 four를 재밌게 쓴 것이에요. '네 가지 스타일의 미용실'이란 뜻인 것 같죠?

간판 보니 영어 공부까지 되네?

단어에 머무는 것이 아니라 어구 또는 문장으로 된 것들도 자주 볼 수 있습니다. 쉽고 간결하게 나타내려다 보니 문법적으로 틀린 경우도 많아 사실 영어 공부에 도움이 된다고 보긴 어렵지만, 그래도 보고 어떤 뜻인지 알면 좋잖아요?

I Love Flat

I Love Flat은 '아이 러브v 플f랫'이라고 읽고, '나는 플랫을 사랑해'란 뜻입니다. flat은 '평평한, 낮은'이란 뜻인데, '굽이 없는 낮은 신발'을 뜻하기도 합니다. 사실 신발은 2개가 한 짝이기 때문에 끝에 s를 붙여서 flats라고 해야 해요.

부록 I 젊음의 거리 홍대, 영어로 읽어 보자!

Let's PC

Let's PC는 '렛츠 피씨'라고 읽고 '컴퓨터를 하자'란 뜻입니다. Let's 다음에 행동을 나타내는 단어가 오면 그 행동을 하자는 뜻이 되고, PC는 personal computer로 '개인용 컴퓨터'란 뜻입니다. 컴퓨터를 하는 곳, 바로 피씨방입니다.

Originally Launched in 1973

Originally Launched in 1973는 '오뤼지널리 런취드 인 나인틴세븐티쯔th뤼'라고 읽고, '본래 1973년에 시작된'이라는 뜻입니다. 해당 브랜드가 1973년에 시작되었다는 말이죠. 간단히 '~로부터'란 뜻의 since로 나타내기도 합니다. 'since 1973'처럼요.

YOU'RE OUR SUPPORTER

YOU'RE OUR SUPPORTER는 '유알 아우얼 써포털'이라고 읽고 '당신이 우리의 후원자입니다'란 뜻입니다. 이 사진은 간판은 아니고요, 홍대 거리에서 춤을 추는 댄스팀이 세워 둔 것입니다. 일종의 공연비를 받는 것이죠. 더운 여름 땀을 뻘뻘 흘리며 공연을 하는 젊은 예술가들에게 응원의 마음을 표현하는 것도 좋겠지요?

AGATHA

AGATHA란 신발 상점에는 'YOU CAN'T BUY HAPPINESS, BUT YOU CAN BUY AGATHA. AND THAT'S KIND OF THE SAME THING.'이라고 쓰여 있습니다. '유 캔트 바이 해피니스, 벗 유 캔 바이 아가사. 앤 댓츠 카인드 어브 더 쌔임 띵'이라고 읽고, '당신은 행복을 살 수는 없어요. 하지만 아가사는 살 수 있죠. 그리고 그건 꽤 비슷한 거예요.'라는 뜻입니다. can은 '~할 수 있다'란 뜻이고, can't는 '~할 수 없다'란 뜻입니다. kind of는 '약간', the same thing은 '같은 것'이란 뜻이고요.

간판 보니 영어 공부까지 되네?

부록 I | 젊음의 거리 홍대, 영어로 읽어 보자!

melli's

melli's의 간판엔 'NO.1 Milk Shake. Melli's Milkshakes are cool, refreshing and delicious. It will make you crave for more.'라고 쓰여 있습니다. '넘벌 원 밀크 쉐이크. 멜리스 밀크쉐이크스 알 쿠울 뤼프f뤠슁 앤 딜리셔쓰. 잇 윌 메이크 유 크뤠이브v 폴f 모얼'이라고 읽고, '최고의 밀크셰이크. 멜리스 밀크셰이크는 시원하고, 신선하고 맛있습니다. 여러분이 더 많이 원하게 만들 거예요.'란 뜻입니다. will은 '~할 것이다'란 뜻이고, make you ~는 '당신을 ~하게 만들다'란 뜻입니다. 갑자기 문장이 나오니까 좀 어렵지요? 일단 읽는 것에만 집중하세요. 이 책을 모두 읽고 나면 이 문장들도 모두 이해가 될 거니까요.

Smart Recycling Center

Smart Recycling Center는 '스마트 리사이클링 센터'라고 읽어요. smart는 '현명한'이라는 뜻이에요. 중간에 있는 recycling은 '재활용하는'이라는 의미이므로, 이 뜻은 재활용 센터라는 것이죠. 즉, 사진에서 보이는 통은 재활용 통이랍니다.

3

영어 말문을 떼기 위한
문장 만들기

이제 영어에 어느 정도 익숙해지셨지요? 그럼 영어 문장을 만드는 방법에 대해 공부해 봅시다. 문장을 구성하는 원칙은 언어마다 조금씩 다르답니다. 영어는 우리말과 상당히 다른 편인데요, 기본적인 사항만 익혀도 짧게 짧게 자신의 의사를 표현할 수 있으니 한번 도전해 보세요.

Day 22

track 22-1

한국어와 다른 영어의 순서

영어 단어만 열심히 외워서 그대로 옮기면 영어가 된다면 얼마나 좋을까요? 그런데 안타깝게도 영어는 한국어와 순서가 여러모로 다르답니다. 그래서 젊은 사람들도 영어로 골머리를 앓는 것이죠. 다음 예를 보세요.

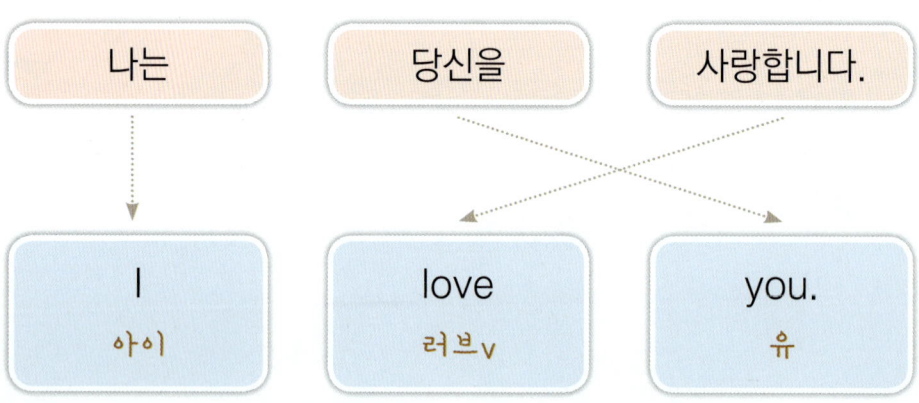

"I love you."가 "나는 당신을 사랑합니다."란 뜻인 건 많이 들어서 알고 계시죠? 여기서 I가 '나'란 뜻이고, love가 '사랑하다', you가 '당신'이란 뜻입니다. 순서가 어떤가요? 우리말과는 달리 '나는 / 사랑합니다 / 당신을'이지요? 이게 바로 우리말과 다른 영어의 특징 중 가장 중요한 것이에요. 또 다른 예를 볼까요?

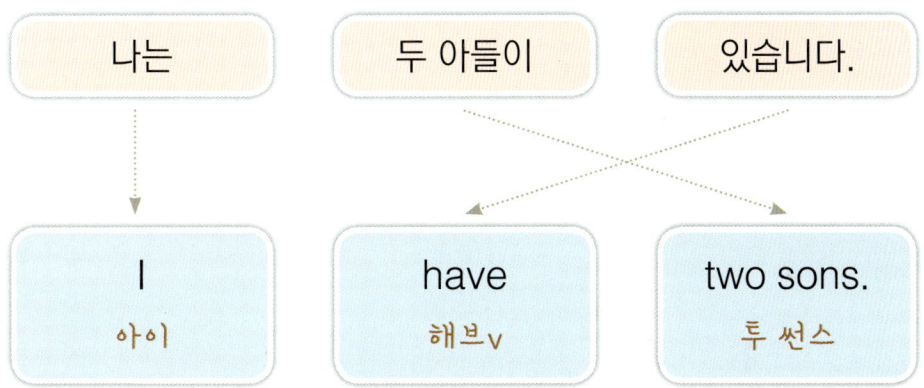

여기서 have는 '갖고 있다'란 뜻이고 '해브v'라고 읽습니다. two는 '두 개'란 뜻이고 son은 '아들'이란 뜻입니다. 마찬가지로 '나는 / 있습니다 / 두 아들이'의 순서지요? 참고로 son의 끝에 s를 붙여 sons라고 쓴 것은 아들이 한 명이 아니라 두 명 이상이기 때문이에요. 영어에선 두 개가 넘으면 끝에 s를 붙이는 습관이 있답니다.

우리말과는 다른 영어의 기본적인 순서가 조금 이해가 되시나요? '한국말은 끝까지 들어봐야 안다'는 말 들어 본 적 있으실 거예요. 바로 이런 순서의 차이 때문에 생긴 말이랍니다. 한국어는 '나는 두 아들이'까지만 들으면 있는지 없는지 알 수가 없죠. 영어는 'I have'까지만 들어도 일단 뭔가 있단 건 알 수 있어요. 오랫동안 써 온 순서를 갑자기 뒤집는다는 건 정말 어려운 거예요. 그러니 어렵다고 생각하지 마시고 천천히 익숙해져 보세요.

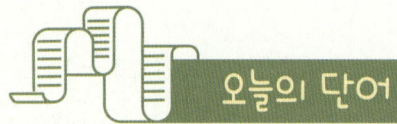
오늘의 단어

따라 읽으며 소리와 뜻을 익히고 써 보세요.

사람을 나타내는 단어들

나 **I**
[아이]

너 **you**
[유]

그들 **they**
[데th이]

그 남자 **he**
[히]

그 여자 **she**
[쉬]

가족을 나타내는 단어들

아들 **son**
[썬]

딸 **daughter**
[더어럴]

손자 **grandson**
[그뤤드썬]

손녀	**granddaughter**	
	[그뤤드더럴]	
남편	**husband**	
	[허즈z벤드]	
부인	**wife**	
	[와이프f]	
어머니	**mother**	
	[마덜th]	
아버지	**father**	
	[파f덜th]	

동작을 나타내는 단어들

사랑하다	**love**	
	[러브v]	
좋아하다	**like**	
	[라이크]	
갖고 있다	**have**	
	[해브v]	
원하다	**want**	
	[원트]	

Day 22 – 한국어와 다른 영어의 순서

Day 23

track 23-1

I am ~으로 나에 대해 말하기

소통은 나에 대해 진솔하게 이야기하는 것에서부터 시작하는 것이 아닐까요? '나는 ○○○입니다.'라고 소개하고 싶을 때 어떻게 시작하면 될까요? 영어는 '나는 / 입니다 / ○○○'의 순서이겠지요? 그렇다면 '입니다'란 뜻의 영어 단어는 무엇일까요? 바로 am입니다. '앰'이라고 발음하고요.

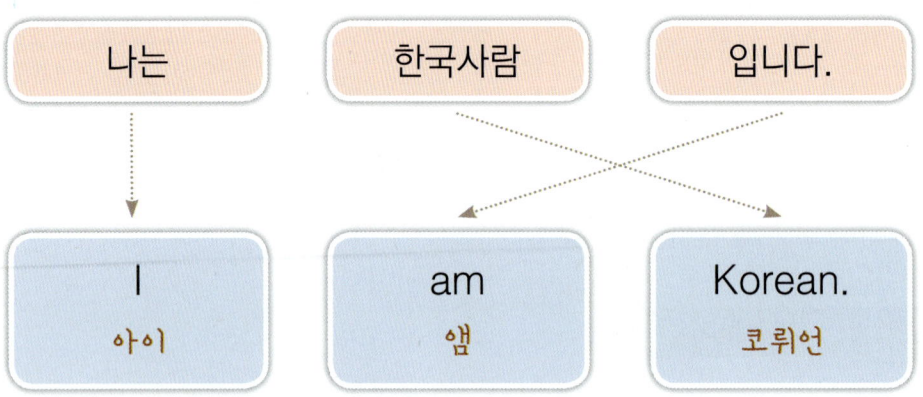

여기서 Korean은 '한국사람'이란 뜻입니다. 순서가 '나는 / 입니다 / 한국사람'이죠? 이렇게 'I am ~'으로 나에 대해 여러 가지를 말할 수 있습니다. 다음 문장들을 보고 더 연습해 보세요.

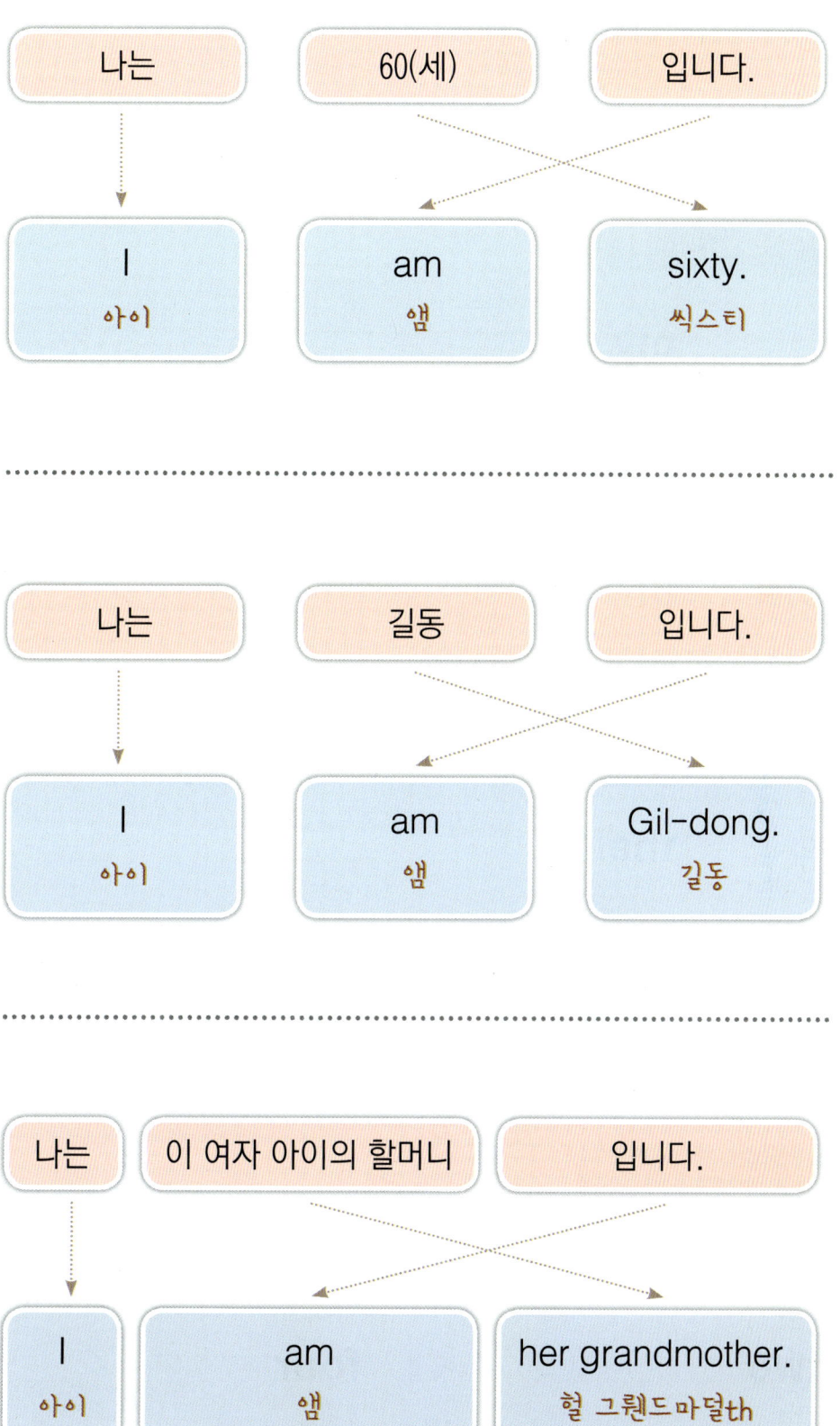

 오늘의 단어

따라 읽으며 소리와 뜻을 익히고 써 보세요.

관계를 나타내는 단어

나의 **my**
[마이]

너의 **your**
[유얼]

그 여자의 **her**
[헐]

그 남자의 **his**
[히즈z]

그들의 **their**
[데th얼]

길동이의 **Gil-dong's**
[길동스]   *사람 이름일 땐 점을 하나 찍고 s만 붙이면 됩니다.

숫자를 나타내는 단어

1 **one** [원]

2 **two** [투]

3 **three** [쓰th뤼]

4 **four** [폴f]

5	**five** [파이브]	17	**seventeen** [쎄븐v틴]
6	**six** [씩스]	18	**eighteen** [에잇틴]
7	**seven** [쎄븐v]	19	**nineteen** [나인틴]
8	**eight** [에잇]	20	**twenty** [트웬티]
9	**nine** [나인]	30	**thirty** [떠th리]
10	**ten** [텐]	40	**forty** [포f리]
11	**eleven** [일레븐v]	50	**fifty** [피f프f티]
12	**twelve** [투웰브v]	60	**sixty** [씩스티]
13	**thirteen** [떨th틴]	70	**seventy** [쎄븐v티]
14	**fourteen** [폴f틴]	80	**eighty** [에잇티]
15	**fifteen** [피f프f틴]	90	**ninety** [나인티]
16	**sixteen** [씩스틴]	100	**one hundred** [원 헌드뤠드]

*21부터는 twenty-one, twenty-two...로 표현하면 됩니다. 63은 무엇일까요? sixty-three입니다.

Day 24

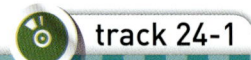

I am ~으로 나의 상태에 대해 말하기

앞서 배운 'I am ~'으로 지금 내 기분이 어떤지, 지금 내 상태가 어떤지 등 자신에 대해 더 많은 것을 말할 수 있어요. 참고로 I am은 I'm으로 줄여서 쓰고 말하기도 합니다. '아임'으로 발음하고요. 다음 예문을 보세요.

[기분 말하기]

[상태 말하기]

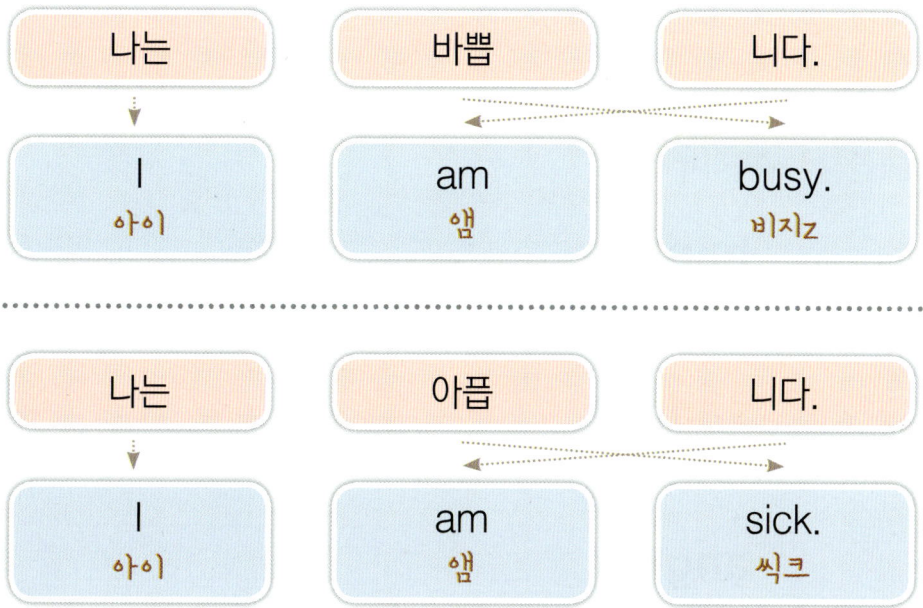

이렇게 'I am ~'으로 '나는 ~합니다'란 표현을 해보았는데요, 아주 조금만 추가하면 '나는 ~하지 않습니다'란 표현도 할 수 있습니다. 바로 '아닌'이란 뜻의 not을 am 뒤에 넣어 주기만 하면 된답니다. 위의 문장에 not을 넣어 연습해 보세요.

나는 행복하지 않습니다.	I am not happy.
나는 슬프지 않습니다.	I am not sad.
나는 화가 나지 않습니다.	I am not angry.
나는 바쁘지 않습니다.	I am not busy.
나는 아프지 않습니다.	I am not sick.

오늘의 단어

따라 읽으며 소리와 뜻을 익히고 써 보세요.

기분을 나타내는 단어

행복한 **happy**
[해피]

슬픈 **sad**
[쌔드]

화난 **angry**
[앵그뤼]

지루한 **bored**
[보얼드]

외로운 **lonely**
[론리]

걱정되는 **worried**
[워뤼드]

초조한 **nervous**
[널베v스]

혼란스러운 **confused**
[컨퓨f즈드]

상태를 나타내는 단어

배고픈   **hungry**
[헝그뤼]

바쁜   **busy**
[비지z]

아픈   **sick**
[씩크]

괜찮은   **okay**
[오케이]

피곤한   **tired**
[타이얼드]

건강한   **healthy**
[헬띠th]

잘생긴   **handsome**
[핸썸]

예쁜   **pretty**
[프뤼디]

Day 25

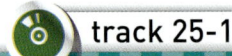

I think ~로 내 생각 말하기

대화의 대부분은 자신의 생각을 표현하는 것이 아닐까 합니다. 그만큼 '생각하다'란 뜻의 동사 think는 회화에서 활용도가 아주 높습니다. '나는 ~이라고 생각한다'는 'I think ~'의 순서로 말하면 되겠지요? 이때 I think ~ 다음에 완전한 한 문장을 넣으면 됩니다.

나는 당신이 정말 잘생겼다고 생각해요.
I think you are very handsome.
아이 띵th크 유 알 붸v뤼 핸썸.

나는 당신이 좋은 사람이라고 생각해요.
I think you are a good person.
아이 띵th크 유 알 어 굿 펄쓴

나는 이것이 너무 크다고 생각해요.
I think this is too big.
아이 띵th크 디th스 이즈z 투우 빅

나는 저 소녀가 정말 예쁘다고 생각해요.
I think that girl is so pretty.
아이 띵th크 댓th 걸 이즈z 쏘 프뤼디.

I think ~ 다음에 문장을 넣는다는 것이 무슨 의미인지 아시겠지요? 문장을 만들 때는 I am ~ 외에도 여러 가지 표현이 있습니다. '나는 ~입니다'라고 할 땐 'I am ~'을 쓰지만 '당신은 ~입니다'라고 할 땐 'You are ~'를 써요.

'~입니다, ~합니다'란 뜻의 단어는 사실 3개가 있어요. 바로 am, are, is입니다. 말하는 대상이 누구냐, 무엇이냐에 따라 달라지는데요, I일 땐 am이고, you일 땐 are이란 것 먼저 알아 두세요. 그리고 그 외에는 대상이 1명 또는 1개일 땐 is, 2명 또는 2개 이상일 땐 are가 온다고 이해하시면 됩니다. 앞의 세 번째, 네 번째 예문을 보면 this is ~, that girl is ~가 있죠? this는 '이것'이란 뜻으로 가까이에 있는 한 개의 물건을 말하고, that girl은 '저 소녀'란 뜻으로 둘 다 하나이기 때문에 is를 쓴 것입니다.

정말 똑같은 뜻인데 왜 3가지나 만들어서 말하는지 이해가 안 되지만, 그들이 그렇게 쓰고 있으니 우리는 그저 따를 수밖에 없습니다. 여기서 또 우리말의 간단명료함이 돋보이네요. 복잡하다고 생각하지 마시고 그냥 여러 번 따라 읽으면서 입에 붙여 보세요.

 오늘의 단어

따라 읽으며 소리와 뜻을 익히고 써 보세요.

무언가를 가리키는 단어

그것 **it**
[이트]

그것들, 그들 **they**
[데th이]

이것, 이 **this**
[디th스]

저것, 저 **that**
[댓th]

대상에 따라 달라지는 am, are, is

나는 ~입니다

I am ~
[아이 앰]

당신은 ~입니다

You are ~
[유 알]

그 여자는 ~입니다

She is ~

[쉬 이즈z]

그 남자는 ~입니다

He is ~

[히 이즈z]

그들은 ~입니다

They are ~

[데th이 알]

그것은 ~입니다

It is ~

[잇 이즈z]

이것은 ~입니다

This is ~

[디th스 이즈z]

저것은 ~입니다

That is ~

[댓th 이즈z]

그것들은 ~입니다

They are ~

[데th이 알]

*they는 여러 사람 또는 여러 물건을 두루 일컫습니다.

Day 26

track 26-1

I want ~로 원하는 것 말하기

대화를 하는 주된 목적 중 하나는 바로 자신이 원하는 바를 표현하는 것입니다. 이때 꼭 필요한 단어가 바로 '원하다'란 뜻의 want입니다. 발음도 '원트'로 우리말과 조금 비슷한 면이 있어 더욱 쉽게 익힐 수 있겠네요. 다음 예문을 보세요.

나는 물을 원합니다.
I want some water.
아이 원트 썸 워러

나는 담요를 원합니다.
I want a blanket.
아이 원트 어 블랭킷

'I want ~' 다음에 원하는 것을 말하면 됩니다. some은 '약간의'란 뜻이고 '썸'이라고 발음합니다. water는 '물'이란 뜻이고 '워터' 또는 '워러'라고 발음하고요. a는 한 개의 대상 앞에 습관적으로 쓰는 것인데, blanket(담요)이 하나 필요하기 때문에 앞에 붙은 거예요. 만약 두 개가 필요하다면 "I want two blankets."라고 하면 됩니다. 'I want ~' 만 알아도 필요한 것을 모두 부탁할 수 있겠지요?

나는 집에 가길 원합니다.
I want to go home.
아이 원 투 고우 홈

나는 지하철역을 찾길 원합니다.
I want to find a subway station.
아이 원 투 파f인드 어 써브v웨이 스테이션

어떤 물건이 아니라 어떤 행동을 하길 원하는 경우도 있지요? 이때는 'I want ~' 다음에 'to+행동'을 붙이면 됩니다. want to는 '원트 투'라고 빨리 말하다 보면 '원투'로 발음되기도 하고 '워너'로 발음되기도 합니다.

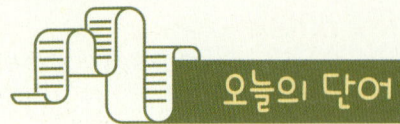

따라 읽으며 소리와 뜻을 익히고 써 보세요.

필요한 것

물   **water**
[워러]

담요   **blanket**
[블랭킷]

펜(필기구)   **pen**
[펜]

종이   **paper**
[페이펄]

휴지   **tissue**
[티슈]

지하철역   **subway station**
[써브v웨이 스테이션]

하고 싶은 행동

가다	**go** [고우]
찾다	**find** [파인드]
잡다	**catch** [캐취]
말하다	**talk** [토크]
사다	**buy** [바이]
앉다	**sit** [씨트]
걷다	**walk** [워크]
먹다	**eat** [이트]
보다	**see** [씨]

Day 27

track 27-1

I want you to ~로 상대방에게 부탁하기

want를 활용해 상대방에게 '당신이 ~해주면 참 좋겠어요'라고 부탁할 수도 있겠죠? 아주 부드럽게 내가 원하는 바를 말할 수 있는 유용한 표현입니다. 다음 예를 보세요.

나는 당신이 나를 위해 택시를 잡아 주길 원합니다.
I want you to catch a taxi for me.
아이 원츄 투 캐취 어 택씨 폴f 미

나는 당신이 나와 함께 이야기하길 원합니다.
I want you to talk with me.
아이 원츄 투 토크 위드th 미

상대방이 어떤 행동을 해주길 원하는 경우엔 'I want you to' 다음에 원하는 행동을 나타내는 단어를 붙여 주면 됩니다. 어렵게 생각하지 마시고 그냥 여러 번 따라 읽으며 익히세요. 'I want you to'는 빨리 발음하다 보면 '아이 원츄 루'로 발음되기도 합니다. for me는 '나를 위해', with me는 '나와 함께'란 뜻입니다.

내가 당신과 좀 더 있길 원하나요?

Do you want me to be with you more?

두 유 원트 미 투 비 위드th 유 모얼

내가 당신에게 나중에 전화하길 원하나요?

Do you want me to call you later?

두 유 원트 미 투 컬 유 래이럴

상대방이 내게 어떤 행동을 원하는지 의향을 물어보는 표현입니다. "You want me to be with you more."은 "당신은 내가 당신과 좀 더 있길 원한다."란 뜻인데요, 앞에 do만 붙이면 물어보는 표현이 됩니다.

오늘의 단어

따라 읽으며 소리와 뜻을 익히고 써 보세요.

신체 부위를 가리키는 단어

머리   **head**
[헤드]

얼굴   **face**
[페f이스]

눈   **eye**
[아이]

코   **nose**
[노우즈z]

입   **mouth**
[마우뜨th]

귀   **ear**
[이얼]

목   **neck**
[네크]

팔   **arm**
[암]

손	**hand**
	[핸드]
손가락	**finger**
	[핑f걸]
배	**stomach**
	[스터먹]
다리	**leg**
	[레그]
발	**foot**
	[풋f]

가구

침대	**bed**
	[베드]
탁자	**table**
	[테이블]
의자	**chair**
	[체얼]
옷장	**closet**
	[클라짓z]

Day 28

track 28-1

내가 한 일 말하기

내가 과거에 한 일을 말하는 방법을 알아보겠습니다. 우리말과 다르다 보니 정말 쉽지 않은 부분인데요, 정확한 문장을 말하진 못하더라도 맨 끝에 시간을 나타내는 단어만 확실히 말하면 뜻을 잘 전달할 수 있으니 걱정 마세요. 다음 예문을 보세요.

나는 전에 선생님이었습니다.
I was a teacher before.
아이 워즈z 어 티쳘 비폴f

나는 어제 영화를 봤습니다.
I watched a movie yesterday.
아이 와취드 어 무비v 예스털데이

나는 2년 전에 마이크를 만났습니다.
I met Mike two years ago.
아이 메트 마이크 투 이얼즈 어고우

우리는 과거에 대해 말할 때 '~이었다, ~했다'로 말하면 되는데 영어로 말할 땐 꽤나 복잡하답니다. 행동을 나타내는 단어들의 모양을 제각각 바꿔 주어야 하기 때문이죠. '보다'란 뜻의 단어 watch가 watched가 되는 것처럼 기본적으로 단어의 끝에 ed를 붙이면 된다곤 하지만, am이 was가 되고 '만나다'란 뜻의 meet이 met이 된 것처럼 제각각 달라서 참 외울 것이 많습니다. 그런데 사실 맨 끝에 시간을 나타내는 표현만 확실히 해줘도 의미는 전달할 수 있습니다. 그러니 시간을 나타내는 다양한 표현을 잘 익혀 두세요.

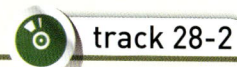

따라 읽으며 소리와 뜻을 익히고 써 보세요.

과거를 나타내는 단어

어제	**yesterday** [예스털데이]
2시간 전	**two hours ago** [투 아우얼즈 어고우]
2일 전	**two days ago** [투 데이즈 어고우]
2주 전	**two weeks ago** [투 윅스 어고우]
2개월 전	**two months ago** [투 먼쓰th 어고우]
2년 전	**two years ago** [투 이얼즈 어고우]
내가 12살 때	**when I was twelve** [웬 아이 워즈z 트웰브v]
지난 월요일	**last Monday** [래스트 먼데이]

지난 화요일	**last Tuesday**	
	[래스트 튜즈z데이]	
지난 수요일	**last Wednesday**	
	[래스트 웬즈z데이]	
지난 목요일	**last Thursday**	
	[래스트 떨th즈z데이]	
지난 금요일	**last Friday**	
	[래스트 프f라이데이]	
지난 토요일	**last Saturday**	
	[래스트 쌔럴데이]	
지난 일요일	**last Sunday**	
	[래스트 썬데이]	
작년	**last year**	
	[래스트 이얼]	
오래 전	**long time ago**	
	[롱 타임 어고우]	

Day 29

I will ~로 내가 미래에 할 일 말하기

미래를 나타내는 표현은 과거를 나타내는 표현보다는 훨씬 간단합니다. 바로 will만 추가해 주면 되기 때문이죠. 미래의 시간을 나타내는 표현들을 잘 익혀서 의미를 정확하게 전달해 보세요.

나는 내일 너희 집에 방문할 것입니다.
I will visit your house tomorrow.
아이 윌 비v지z트 유얼 하우스 투머로우

나는 내년에 캐나다에 갈 것입니다.
I will go to Canada next year.
아이 윌 고우 투 캐나다 넥스트 이얼

나는 영원히 여기서 일할 것입니다.
I will work here forever.
아이 윌 윌크 히얼 폴f에벌v

'~할 것이다'란 뜻의 will을 I 다음에 넣어 주고 뒤에 tomorrow, next year, forever 등 미래를 나타내는 단어만 넣어 주면 되지요?

오늘의 단어

따라 읽으며 소리와 뜻을 익히고 써 보세요.

미래를 나타내는 단어

내일	**tomorrow**
	[투머로우]

2시간 후	**two hours later**
	[투 아우얼즈 래이럴]

2일 후	**two days later**
	[투 데이즈 래이럴]

2주 후	**two weeks later**
	[투 윅스 래이럴]

2개월 후	**two months later**
	[투 먼뜨th 래이럴]

2년 후	**two years later**
	[투 이얼즈 래이럴]

다음 월요일	**next Monday**
	[넥스트 먼데이]

다음 화요일	**next Tuesday**
	[넥스트 튜즈z데이]

다음 수요일	**next Wednesday**	
	[넥스트 웬즈z데이]	
다음 목요일	**next Thursday**	
	[넥스트 떨th즈z데이]	
다음 금요일	**next Friday**	
	[넥스트 프f라이데이]	
다음 토요일	**next Saturday**	
	[넥스트 쌔럴데이]	
다음 일요일	**next Sunday**	
	[넥스트 썬데이]	
내년	**next year**	
	[넥스트 이얼]	
언젠가	**one day**	
	[원 데이]	

Day 30

track 30-1

Are you ~?로 질문하기

처음으로 의문문, 즉 물어보는 영어 표현을 배워 보겠습니다. 우리말은 '~합니까?', '~입니까?', '~하니?', '~이니?' 등처럼 끝만 바꾸면 물어보는 표현이 됩니다. 그런데 영어는 단어의 순서 자체가 달라집니다.

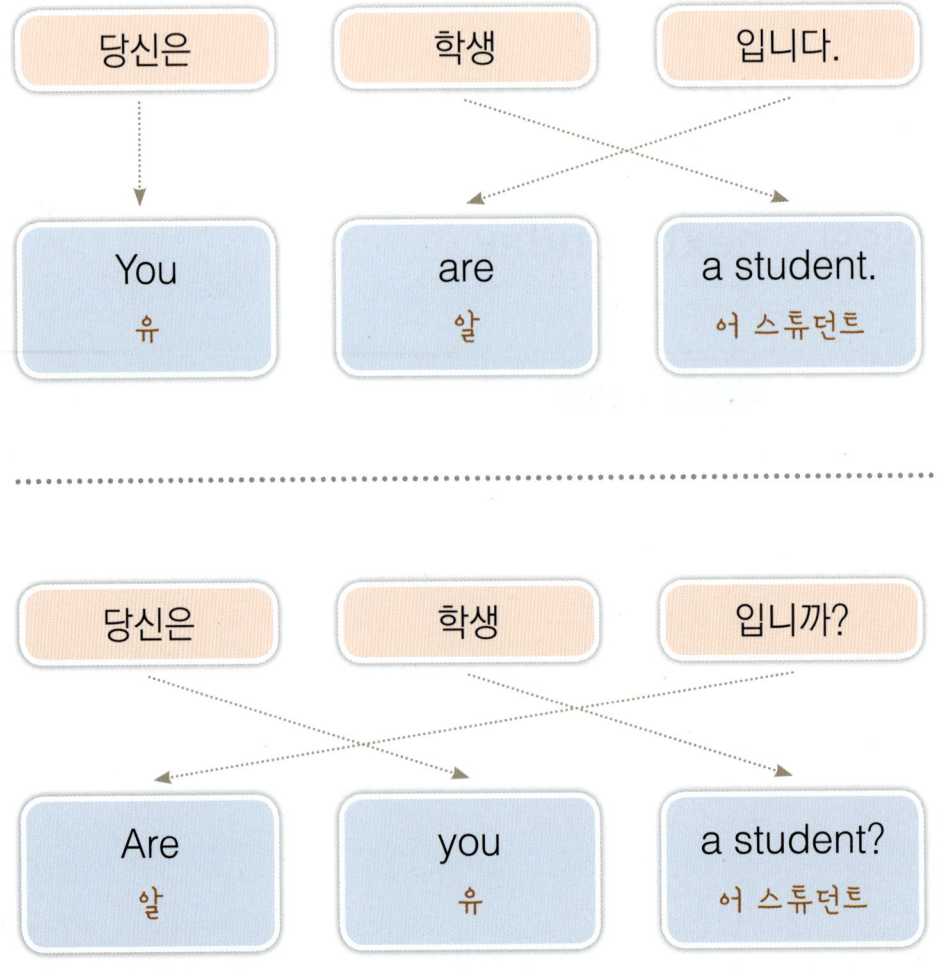

우리말로 순서를 생각해 보자면, '입니까 / 당신은 / 학생?'입니다. 첫 단어를 듣자마자 뭔가를 물어본다는 걸 알 수 있겠네요. 우리말과 순서가 완전히 다르기 때문에 매우 생소하고 어렵게 느껴집니다. 이럴 땐 그냥 '알유 ~? 알유 ~?' 하며 입에 붙여 버리는 게 나아요. 다음 예를 보세요.

당신은 배가 고픕니까?
Are you hungry?
알 유 헝그뤼

당신은 괜찮습니까?
Are you okay?
알 유 오케이

오늘의 단어

따라 읽으며 소리와 뜻을 익히고 써 보세요.

직업을 나타내는 단어

학생	**student** [스튜던트]
선생님	**teacher** [티철]
교수	**professor** [프로페f썰]
간호사	**nurse** [널스]
의사	**doctor** [닥털]
디자이너	**designer** [디자z이널]
농부	**farmer** [파f멀]
요리사	**cook** [쿡크]

회계사	**accountant** [어카운턴트]
제빵사	**baker** [베이컬]
사무원	**office worker** [아피f스 윌컬]
운전기사	**driver** [드라이벌v]
기술자	**engineer** [엔지니얼]
미용사	**hairdresser** [헤얼드뤠썰]
주부	**housewife** [하우스와이프f]
사업가	**businessman** [비즈z니스맨]

Day 31

track 31-1

Do you ~?로 질문하기

상대방에게 물어볼 때, 상태나 기분에 대해 묻기도 하지만 어떤 행동이나 생각 등에 대해 묻기도 합니다. 즉, 좋아하는지, 싫어하는지, 원하는지, 필요한지 등을 묻는 거죠. 이때는 맨 앞에 Do를 붙여주기만 하면 됩니다. 다음 예를 보세요.

조금 감이 오시나요? 이것 역시 한국어와는 굉장히 다른 특징이기 때문에 매우 생소합니다. 마찬가지로 '두유 ~? 두유 ~?' 하며 입에 붙도록 연습해 보세요.

당신은 꽃을 좋아합니까?
Do you like flowers?
두 유 라이크 플f라월스

당신은 뭘 좀 먹기를 원합니까?
Do you want to eat something?
두 유 원 투 잇 썸띵th

3. 영어 말문을 떼기 위한 문장 만들기

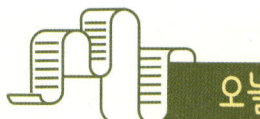 오늘의 단어  track 31-2

따라 읽으며 소리와 뜻을 익히고 써 보세요.

음식을 나타내는 단어

물 — **water**
[워러]

밥 — **rice**
[롸이스]

빵 — **bread**
[브뤠드]

국, 수프 — **soup**
[숩]

국수 — **noodle**
[누들]

스테이크 — **steak**
[스테이크]

햄버거 — **hamburger**
[햄버걸]

과일 — **fruit**
[프루룻]

취미를 나타내는 단어

꽃   **flower**
[플f라월]

스포츠   **sports**
[스폴츠]

음악   **music**
[뮤직z]

영화   **movie**
[무비v]

책   **book**
[북]

하이킹   **hiking**
[하이킹]

행동을 나타내는 단어

좋아하다 **like**
[라이크]

필요하다 **need**
[니드]

원하다 **want**
[원트]

먹다 **eat**
[이트]

가다 **go**
[고우]

Day 32

track 32-1

Can I ~?로 양해 구하기

살아가다 보면 누군가에게 양해를 구할 일이 정말 많습니다. 영어는 특히 양해를 구하는 식으로 말하는 경우가 많은데요, 조금 돌려서 말하는 습관이 있기 때문입니다. 예를 들어 우리는 "담요 좀 주세요."라고 직접적으로 말하는 반면, 영어로는 "제가 담요 좀 사용할 수 있을까요?"라는 식으로 말한답니다.

이렇게 양해를 구할 때 필요한 단어가 바로 can입니다. 기본적인 뜻은 '~할 수 있다'인데, 'Can I ~?'라고 하면 '제가 ~할 수 있을까요?'란 뜻이 됩니다. '캔 아이~? 캔 아이 ~?' 하며 입에 붙도록 연습해 보세요. 예를 통해 좀 더 자세히 알아볼까요?

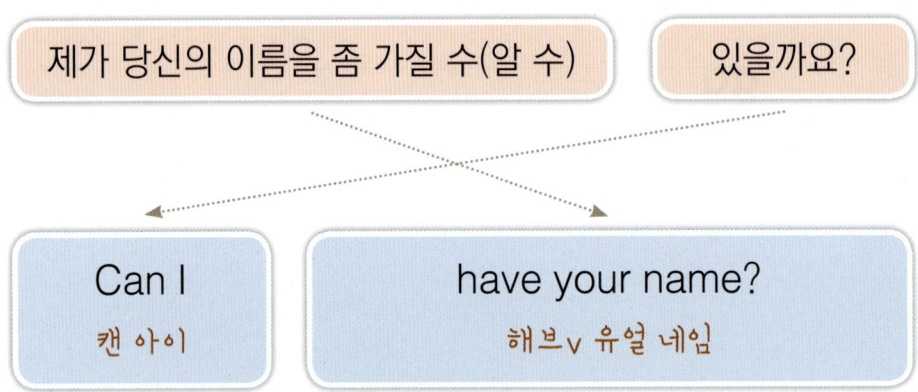

제가 당신에게 뭐 좀 물어봐도 될까요?
Can I ask you something?
캔 아이 애스크 유 썸띵th

제가 이 펜을 써도 될까요?
Can I use this pen?
캔 아이 유즈z 디th스 펜

제가 메뉴를 좀 가질 수(볼 수) 있을까요?
Can I have a menu?
캔 아이 해브v 어 메뉴

제가 예약을 좀 할 수 있을까요?
Can I make a reservation?
캔 아이 메이크 어 뤠젤z베v이션

좀 어려운가요? 정 어렵다면 앞서 배운 'I want ~'만으로도 원하는 것을 얻을 수 있어요. "I want to use this pen."이라고 하면 "이 펜을 사용하고 싶어요."란 뜻이고, "I want to make a reservation."이라고 하면 "예약을 하고 싶어요."란 뜻이 되니까요. 그런데 아무래도 조금 딱딱하게 들리긴 하겠죠?

 오늘의 단어

따라 읽으며 소리와 뜻을 익히고 써 보세요.

~할 수 있다	**can** [캔]
이름	**name** [네임]
물어보다	**ask** [애스크]
무언가	**something** [썸띵th]
사용하다	**use** [유즈z]
펜(필기구)	**pen** [펜]
만들다	**make** [메이크]
예약	**reservation** [뤠절z베v이션]

장소를 나타내는 단어

식당 **restaurant**
[뤠스터뤈트]

공항 **airport**
[에얼폴트]

호텔 **hotel**
[호텔]

카페 **cafe**
[캐페f이]

시장 **market**
[말킷]

지하철역 **subway station**
[써브웨이 스테이션]

병원 **hospital**
[하스피를]

식료품점 **grocery store**
[그로써뤼 스토얼]

관광안내소 **tourist information center**
[투어뤼스트 인폴f메이션 센털]

Day 33

Please로 부탁하기

'플리즈'란 말 많이 들어 보셨죠? 영어로 철자는 please이고, 뜻은 '제발'입니다. 그러니 공손하게 부탁할 때 활용하면 됩니다. 상대방에게 무엇을 하라고 할 때는 그냥 행동을 나타내는 단어만 말하면 되는데, 그러면 명령조가 되기 때문에 끝에 please를 붙여 주는 것이 좋습니다. 다음 예문을 보세요.

저를 도와주세요.
Help me, please.
헬프 미 플리즈z

제게 물 좀 주세요.
Give me some water, please.
기브v 미 썸 워러 플리즈z

저를 택시 정류장에 데려다 주세요.
Take me to a taxi stand, please.
테이크 미 투 어 택씨 스탠드 플리즈z

이것을 설명해 주세요.
Explain this, please.
익스플레인 디th스 플리즈z

전화기 좀 빌려 주세요.
May I borrow your phone, please.
메이 아이 바로우 유얼 폰f 플리즈z

이것 좀 치워 주세요.
Clean this, please.
클린 디th스 플리즈z

이것 좀 바꿔 주세요.
Exchange this, please.
익스체인쥐 디th스 플리즈z

계산서 주세요.
Check, please.
체크 플리즈z

 오늘의 단어  track 33-2

따라 읽으며 소리와 뜻을 익히고 써 보세요.

행동을 나타내는 단어

돕다 **help**
[헬프]

주다 **give**
[기브v]

데려다주다 **take**
[테이크]

설명하다 **explain**
[익스플레인]

빌리다 **borrow**
[바로우]

치우다 **clean**
[클린]

교환하다 **exchange**
[익스체인쥐]

그 밖의 단어

제발	**please** [플리즈z]
나에게	**me** [미]
~해도 되다	**may** [메이]
약간의	**some** [썸]
~(장소)로	**to** [투]
택시 승차장	**taxi stand** [택씨 스탠드]
이것	**this** [디th스]
당신의	**your** [유얼]
전화기	**phone** [폰f]
계산서	**check** [체크]

Day 34

 track 34-1

What is ~?로 무엇인지 물어보기

무엇인지 물어볼 때는 '무엇'이란 뜻의 what을 사용하면 됩니다. "What?" 그 자체로 "뭐라고?"란 뜻도 되고요. 일단 쉬운 예문들로 감을 익혀 보세요.

이것이 무엇입니까?
What is this?
왓 이즈z 디th스

저것이 무엇입니까?
What is that?
왓 이즈z 댓th

"This is your pen."은 "이것은 당신의 펜입니다."지요. "Is this your pen?"이라고 하면 "이것은 당신의 펜인가요?"가 되고요. 이렇게 물어볼 땐 순서가 바뀐다는 것을 염두에 두고요, what 등으로 물어볼 때 그 순서대로 말해야 합니다.

당신의 생일은 언제입니까?
When is your birthday?
웬 이즈z 유얼 벌뜨th데이

그녀는 누구입니까?
Who is she?
후 이즈z 쉬

안녕하세요?(당신은 어떻습니까?)
How are you?
하우 알 유

다른 의문사들도 마찬가지 방식으로 사용하면 됩니다.

 오늘의 단어

따라 읽으며 소리와 뜻을 익히고 써 보세요.

의문사

무엇	**what** [왓]
언제	**when** [웬]
어디서	**where** [웨얼]
어떻게	**how** [하우]
왜	**why** [와이]
얼마나 (개수가) 많이	**how many** [하우 매니]
얼마나 (양이) 많이	**how much** [하우 머취]
왜	**how come** [하우 컴]

어느 것	**which one**
	[위치 원]

교통수단

자동차	**car**
	[칼]
버스	**bus**
	[버스]
택시	**taxi**
	[택씨]
지하철	**subway**
	[써브웨이]
비행기	**flight**
	[플f라이트]
자전거	**bicycle**
	[바이씨클]
오토바이	**motorcycle**
	[모럴싸이클]
기차	**train**
	[트뤠인]

Day 34 - What is ~?로 무엇인지 물어보기

Day 35

Do you think ~?로 의견 물어보기

앞서 'Do you ~?'로 상대방에게 질문하는 방법을 알아보았는데 기억하세요? 이번엔 '생각하다'란 뜻의 think를 붙여 상대방의 의견을 물어보는 표현을 알아보겠습니다. 'Do you think ~' 다음에 온전한 문장을 넣으면 됩니다. 예문을 보세요.

내가 좋은 사람이라고 생각하나요?
Do you think I am a good person?
두 유 띵th크 아이 앰 어 굿 펄쓴

당신이 노래를 잘한다고 생각하나요?
Do you think you sing well?
두 유 띵th크 유 씽 웰

이거 너무 비싸다고 생각하나요?
Do you think it's too expensive?
두 유 띵th크 이츠 투 익스펜시브v

어렵지 않지요? '두 유 띵th크 ~?'를 입에 붙여 두고, 천천히 뒤의 문장을 완성해 보세요.

당신의 생각은 어떤가요?
What do you think?
왓 두 유 띵th크

이 그림에 대해 당신의 생각은 어떤가요?
What do you think of this picture?
왓 두 유 띵th크 어브v 디th스 픽쳘

위의 문장처럼 앞에 what만 붙이면 무슨 생각을 하고 있는지 물어볼 수 있습니다.

 오늘의 단어

따라 읽으며 소리와 뜻을 익히고 써 보세요.

의복 관련 단어

재킷	**jacket**
	[재킷]

셔츠	**shirts**
	[셜츠]

치마	**skirt**
	[스컬트]

바지	**pants**
	[팬츠]

반바지	**shorts**
	[숄츠]

원피스	**dress**
	[드뤠스]

외투	**coat**
	[코우트]

블라우스	**blouse**
	[블라우스]

조끼	**vest**
	[베v스트]
속옷	**underwear**
	[언덜웨얼]
넥타이	**tie**
	[타이]
구두	**shoes**
	[슈즈]
부츠	**boots**
	[부츠]
운동화	**sneakers**
	[스니컬즈z]
슬리퍼	**slippers**
	[슬리펄스]
샌들	**sandals**
	[쌘들스]

*신발은 2개가 한 쌍이기 때문에 s를 붙인답니다.

Day 36

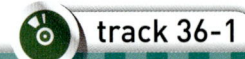

I don't think ~로 반대 의견 말하기

'I think ~'는 '나는 ~라고 생각한다'란 뜻이었죠? 여기에 don't가 들어가면 '나는 ~라고 생각하지 않는다'란 뜻이 됩니다. 그 예문을 보세요.

나는 그렇게 생각하지 않아요.
I don't think so.
아이 돈 띵th크 쏘

나는 그게 가능할 거라 생각하지 않아요.
I don't think it's possible.
아이 돈 띵th크 이츠 파써블

그게 좋은 생각이라고 생각하지 않아요.
I don't think it's a good idea.
아이 돈 띵th크 이츠 어 굿 아이디어

so는 '너무'란 뜻도 있지만 여기선 '그렇게'란 뜻으로 쓰였습니다. 상대방의 의견에 간단히 반대할 때 유용하게 사용할 수 있는 표현이지요.

나는 알지 못해요.
I don't know.
아이 돈 노우

나는 가고 싶지 않아요.
I don't want to go.
아이 돈 원 투 고우

나는 펜을 갖고 있지 않아요.
I don't have a pen.
아이 돈트 해브v 어 펜

'I don't ~'으로 '나는 ~하지 않다'란 여러 표현을 만들어 볼 수 있습니다. 다양하게 활용해 보세요!

오늘의 단어

따라 읽으며 소리와 뜻을 익히고 써 보세요.

식재료를 나타내는 단어

쇠고기 **beef**
[비프f]

돼지고기 **pork**
[포크]

닭고기 **chicken**
[취킨]

양고기 **lamb**
[램]

칠면조고기 **turkey**
[털키]

연어 **salmon**
[쌔먼]

대구 **cod**
[카드]

새우 **shrimp**
[쉬림프]

바닷가재	**lobster**
	[랍스털]
참치	**tuna**
	[튜너]
양파	**onion**
	[어니언]
버섯	**mushroom**
	[머쉬룸]
감자	**potato**
	[포테이토]
토마토	**tomato**
	[토메이토]

Day 37

I won't ~로 하지 않을 거라고 하기

'I will ~'로 미래에 할 일을 표현했던 것 기억하세요? 이번엔 will과 not이 합쳐진 won't로 미래에 하지 않을 일을 표현해 보겠습니다. won't는 좀 강하게 '오운트'라고 발음되는데 주의해서 들어 보세요.

난 당신을 용서하지 않을 거예요.
I won't forgive you.
아이 오운트 폴f기브v 유

난 그곳에 다신 가지 않을 거예요.
I won't go there again.
아이 오운트 고우 데th얼 어겐

난 당신과 더 이상 이야기하지 않을 거예요.
I won't talk to you anymore.
아이 오운트 토크 투 유 애니모얼

forgive는 '용서하다'란 뜻인데 우리말에는 없는 f와 v 발음이 둘 다 들어 있어서 유의해서 발음해야 합니다. 윗니와 아랫입술을 붙였다가 떼면서 '프f', '브v' 잊지 않으셨죠?

3. 영어 말문을 떼기 위한 문장 만들기

네, 그럴 거예요.
Yes, I will.
예쓰 아이 윌

아니요, 안 그럴 거예요.
No, I won't.
노우 아이 오운트

상대방이 어떤 것을 할 것이냐고 물을 때 위와 같이 대답하면 된답니다. "Yes, I will go there."이라고 말해도 되지만 will까지만 써도 된다는 거죠.

오늘의 단어

따라 읽으며 소리와 뜻을 익히고 써 보세요.

장소를 나타내는 단어

병원   **hospital**
[하스피를]

우체국   **post office**
[포스트 아피f스]

대사관   **embassy**
[엠버씨]

극장   **theater**
[띠th어럴]

은행   **bank**
[뱅크]

백화점   **department store**
[디팔트먼트 스토얼]

놀이공원   **theme park**
[띰the 팔크]

경찰서   **police office**
[폴리스 아피f스]

여행사	**travel agency** [트뤠블v 에이젼씨]
공항	**airport** [에얼폴트]
도서관	**library** [라이브뤄뤼]
시장	**market** [말킷]
식료품점	**grocery store** [그로써뤼 스토얼]
학교	**school** [스쿨]
대학교	**university** [유니벌v씨리]
주점	**bar** [바알]
주유소	**gasoline station** [개슬린 스테이션]

Day 38

You can ~으로 제안 또는 허락하기

can은 '~할 수 있다'란 뜻인데, '~해도 된다'란 뜻으로도 쓰입니다. 'You can ~'은 '당신은 ~해도 좋아요, ~해요'라고 부드럽게 제안하거나 허락하는 표현으로 더 자주 쓰입니다.

그냥 '홍'이라고 불러요.
You can call me just Hong.
유 캔 컬 미 져스트 홍

내 컴퓨터 써도 좋아요.
You can use my computer.
유 캔 유즈z 마이 컴퓨럴

사당에서 2호선으로 환승하세요.
You can transfer to green line at Sadang.
유 캔 트뤤스펄f 투 그뤼 라인 애트 사당

can이 '~할 수 있다'란 뜻으로 쓰인 예도 조금 볼까요?

당신은 그것을 할 수 있어요!
You can do it!
유 캔 두 이트

당신은 할 수 있어요!
You can make it!
유 캔 메이크 이트

 오늘의 단어  track 38-2

따라 읽으며 소리와 뜻을 익히고 써 보세요.

색깔을 나타내는 단어

검정색 **black**
[블랙]

흰색 **white**
[화이트]

회색 **grey**
[그뤠이]

빨간색 **red**
[뤠드]

노란색 **yellow**
[옐로우]

파란색 **blue**
[블루]

초록색 **green**
[그륀]

보라색 **purple**
[펄플]

Day 38 - You can ~으로 제안 또는 허락하기

분홍색	**pink**	
	[핑크]	
주황색	**orange**	
	[어륀쥐]	
갈색	**brown**	
	[브라운]	
금색	**gold**	
	[골드]	
은색	**silver**	
	[실벌v]	
투명한	**transparent**	
	[트뤤스페어뤈트]	
색이 연한	**light**	
	[라이트]	
색이 진한	**dark**	
	[달크]	

Day 39

Have you ever ~?로 해본 일 물어보기

track 39-1

Have you ever.... 문법적으로 설명하자면 참 복잡합니다. 그동안 해본 적이 있는지 묻는 현재완료형이라고도 하는데요, 그냥 '해뷰 에버~'로 입에 붙도록 연습하는 것이 더 빠르답니다.

중국 음식 먹어 본 적 있나요?
Have you ever had Chinese food?
해브v 유 에벌v 해드 차이니즈 푸f드

사실 이 표현을 쓰려면 동사의 과거분사형이란 것을 알아야 합니다. 이 문장에서 had가 바로 그것인데요, 바로 have의 과거분사형인 것입니다. Have you ever 다음에 이 과거분사형을 써줘야 하는 거죠. 그런데 동사마다 과거분사형이 있으니 다 익히려면 쉽지가 않아요. 그러니 너무 신경 쓰지 마세요. Have you ever만 확실히 말하면 상대방이 이해하는 데 무리가 없답니다. 여기서 have는 '가지다'란 뜻이 아니라 '먹다'란 뜻입니다.

이 기계 사용해 본 적 있나요?
Have you ever used this machine?
해브v 유 에벌v 유즈z드 디th스 머쉰

한국에 간 적 있나요?
Have you ever been to Korea?
해브v 유 에벌v 빈 투 코뤼아

used는 '사용하다'란 뜻의 use의 과거분사형, been은 '~에 있다'란 뜻의 be의 과거분사형입니다.

 오늘의 단어    track 39-2

따라 읽으며 소리와 뜻을 익히고 써 보세요.

나라 이름

한국 — **Korea** [코뤼아]

중국 — **China** [차이나]

일본 — **Japan** [저팬]

미국 — **the US** [더th 유에스]

영국 — **Britain** [브뤼튼]

러시아 — **Russia** [뤄씨아]

태국 — **Thailand** [타일랜드]

필리핀 — **the Philippines** [더th 필f리핀스]

Day 39 – Have you ever ~?로 해본 일 물어보기

track 39-2

인도	**India** [인디어]
호주	**Australia** [어스트뤠일리어]
캐나다	**Canada** [캐너더]
브라질	**Brazil** [브러질z]
독일	**Germany** [절머니]
핀란드	**Finland** [핀f런드]
그리스	**Greece** [그뤼스]
이탈리아	**Italy** [이를리]

Day 40

What do you ~?로
무엇을 ~하는지 물어보기

상대방에게 무엇을 좋아하는지, 무엇을 원하는지, 무엇을 생각하는지 등 행동에 대해 물을 때 쓸 수 있는 표현이에요. 앞서 'Do you think ~(당신은 ~라고 생각하나요)?'에서 살짝 배웠는데 좀 더 자세히 알아보도록 해요.

무엇이 필요한가요?

What do you need?

왓 두 유 니드

무엇을 먹고 싶나요?

What do you want to eat?

왓 두 유 원 투 이트

무슨 색을 좋아하나요?

What color **do you** like?

왓 컬러 두 유 라이크

What do you ~ 다음에 행동을 나타내는 단어를 붙이면 됩니다. '필요하다'란 뜻의 need를 붙이면 "무엇이 필요한가요?"가 되는 것입니다. "What do you want?"까지만 있다면 "무엇을 원하나요?"인데, 뒤에 to eat이 붙었습니다. eat은 '먹다'란 단어인데 to eat이 되면 '먹는 것을'이란 뜻이 됩니다. want eat이라고 하면 '원하다, 먹다'가 되어 말이 되지 않는데, want to eat이 되어 '먹는 것을 원하다'란 뜻이 됩니다.

어디에 가길 원하나요?
Where do you want to go?
웨얼 두 유 원 투 고우

왜 피자를 좋아하나요?
Why do you like pizza?
와이 두 유 라이크 피자z

다른 의문사도 같은 방식으로 물어보면 됩니다.

 오늘의 단어

 track 40-2

따라 읽으며 소리와 뜻을 익히고 써 보세요.

행동 단어 정리

물어보다	**ask**	[애스크]
전화하다, 부르다	**call**	[컬]
잡다	**catch**	[캐취]
확인하다	**check**	[체크]
오다	**come**	[컴]
자르다	**cut**	[컷]
먹다	**eat**	[이트]
얻다	**get**	[겟]

Day 40 - What do you ~?로 무엇을 ~하는지 물어보기

주다	**give** [기브v]	
가다	**go** [고우]	
가지다	**have** [해브v]	
돕다	**help** [헬프]	
보다	**look** [룩]	
만들다	**make** [메이크]	
열다	**open** [오픈]	
집다	**pick** [픽]	
놓다	**put** [풋]	
원하다	**want** [원트]	
생각하다	**think** [띵th크]	

• 부록 II

외래어
제대로 알기

외래어는 외국어이지만 사용 빈도가 높고 범위도 넓은 단어들을 말합니다. 이제 알파벳을 알았으니 그동안 무심코 사용해 오던 외래어들의 철자와 발음도 제대로 알아야겠지요?

그리고 최근엔 영어가 포함된 신조어가 참 많이 생기고 있습니다. 한글 파괴 현상이라고 볼 수도 있지만, 요즘 젊은 사람들이 어떤 말을 쓰고 있는지 한번 살펴보세요.

부록 II 외래어 제대로 알기

✴ 가십 gossip

gossip은 '소문, 험담'이란 뜻입니다. 유명 인사들의 사생활을 파헤치는 신문이나 잡지 등의 기사를 말하며 자극적인 소식들로 대중의 관심을 끌어 작품의 인기는 물론 선거의 당락에까지 영향을 주게 되어 매스커뮤니케이션 문화의 부정적인 요소로 여겨지곤 합니다.

예문 ▶ 연예인이 얼굴을 비추지 않으면 온갖 가십이 나돈다.

✴ 가이드라인 guideline

guideline은 공공 기관 등에서 제시하는 '지침'을 말하는데, 여러 분야에서 어떤 일에 대해 안내 역할을 하는 지침이란 의미로 널리 사용되고 있습니다. guide는 '관광 안내인, 안내 책자, 지침' 등의 뜻이 있고, line은 '줄, 선, 경계, 행동이나 사고의 방식' 등의 뜻이 있습니다.

예문 ▶ 메르스 환자가 늘고 있는데 정부는 아직도 가이드라인을 내놓지 않고 있다.

개런티 guarantee

guarantee는 '굳은 약속, (어떤 것을 약속하는) 보장'이란 뜻인데요, 영화나 드라마, 연극, 광고 등에 출연하는 연예인의 '출연료'를 의미합니다. 유명 스타일 경우 어느 정도 관객 수나 시청률이 보장된다는 의미에서 이러한 뜻이 파생된 것입니다.

예문 ▶ 스타들의 과도한 개런티로 공연계가 몸살을 앓고 있다.

골든타임 golden time

golden의 뜻은 '금으로 된', time의 뜻은 '시간'입니다. 즉 '금과 같은 시간'이란 뜻이죠. 금은 예로부터 소중한 것을 비유할 때 사용하는 것으로 golden time 역시 '아주 중요한 시간'이란 표현입니다. 즉, 환자가 발생했을 때 응급처치를 해야 하는 초기의 시간, 사고가 발생했을 때 대처해야 하는 초기의 시간을 말합니다.

예문 ▶ 세월호 사고 당시 골든타임을 놓친 것이 너무나 안타깝다.

부록 II 외래어 제대로 알기

☆ 그랜드 슬램 grand slam

grand slam은 스포츠 대회의 모든 부분에서 우승하거나 특정 종목의 주요 경기에서 한 해 내내 우승하는 것을 말합니다. 스포츠뿐 아니라 다른 분야에서도 응용하여 두루 사용되고 있습니다. grand는 '웅장한'이란 뜻이고, slam은 '모두 승리하다'란 뜻입니다.

예문 ▶ LG 트윈스 나성용이 올 시즌 첫 그랜드 슬램을 달성했다.

☆ 노미네이트 nominate

nominate는 '수상자나 후보자로 지명하다'란 뜻입니다. 주로 영화제나 음악 시상식 등에 후보 작품이나 후보자로 지명되는 경우에 사용됩니다. 외래어표기법에 따라 노미네이트라고 쓰지만 영어 발음은 '나미네이트'에 가깝습니다.

예문 ▶ 샘 스미스가 그래미 어워드에서 최다 부문에 노미네이트되었다.

노코멘트 no comment

no는 '없음'이란 뜻이고 comment는 '언급'이란 뜻으로 "No comment."라고 하면 "아무런 할 말이 없습니다."란 의미가 됩니다. 주로 기자들이 질문을 퍼부을 때 회피의 수단으로 사용됩니다.

예문 ▶ 그 정치가는 노코멘트로 일관했다.

네거티브 negative

negative는 '부정적인'이란 뜻으로 부정적인 것을 이용하여 어떤 효과를 얻으려는 것을 네거티브 전략이라고 합니다. 선거를 할 때 상대 후보의 부정적인 면들을 공격하는 것을 네거티브 전략이라고 하고, 죽음이나 혐오 동물 등 부정적인 이미지를 내세워 시선을 끄는 광고를 네거티브 광고라고 하는 것처럼요. 참고로 '긍정적인'은 포지티브(positive)입니다.

예문 ▶ 양당 모두 후진적 네거티브 전략은 삼가야 한다.

부록 II 외래어 제대로 알기

✦ 네임벨류 name value

name은 '이름'이란 뜻이고, value는 '(경제적인) 가치'란 뜻입니다. 그래서 '이름의 가치, 브랜드의 가치'란 뜻으로 사용되고 있습니다. 영어권에서 실제로 사용되는 표현은 아니며 영어식으로는 the value of a name 정도로 표현할 수 있습니다.

예문 ▶ 대학의 네임벨류보다는 실무 능력이 중요하다.

✦ 님비 NIMBY

Not In My BackYard의 줄임말입니다. not은 '아니다', in은 '~안에', my는 '나의', backyard는 '뒷마당'이란 뜻으로 '내 뒷마당에는 안 된다'는 의미입니다. 쓰레기매립장 등의 유해 시설이 자신이 살고 있는 곳에 유치되는 것을 반대하는 지역이기주의 현상을 말합니다.

예문 ▶ 원전의 필요성은 공감하지만 우리 동네는 안 된다는 님비 현상이 심각하다.

다운로드 download

컴퓨터나 스마트폰 등을 통해 데이터나 프로그램을 받는 것을 말합니다. 우리말로는 '내려 받다'라고 표현할 수 있습니다. down은 '아래로'라는 뜻이고, load는 '(데이터나 프로그램을) 로딩하다'라는 뜻입니다. 반대로 데이터나 프로그램을 다른 사이트에 게시하거나 이동시키는 것은 업로드(upload)한다고 합니다. 우리말로는 '올리다'라고 표현할 수 있고요.

예문 ▶ 한글 파일을 다운로드해서 열어 보세요.

다운사이징 downsizing

down은 '더 낮은 수준으로'란 뜻이고, sizing은 '크기 바꾸기'란 뜻입니다. 즉 '작게 만들기, 소형화'란 뜻이 됩니다. 어떤 물건을 작게 만드는 것을 뜻하기도 하고, 기업의 감량 경영을 뜻하기도 합니다.

예문 ▶ 자동차 엔진의 다운사이징 추세는 앞으로 더욱 확산될 것이다.

부록 II 외래어 제대로 알기

✫ 다크호스 dark horse

dark는 '어두운, 숨겨 놓은'이란 뜻이고, horse는 '말'이란 뜻으로 '숨겨 놓은 말'을 말합니다. 원래 경마에서 아직 알려지지 않았는데 뜻밖에 실력을 보여 준 말을 가리키는 말로, 우리말의 '복병(伏兵)'과 같은 의미입니다.

예문 ▶ 3번 후보가 이번 선거의 다크호스로 떠올랐다.

✫ 도슨트 docent

박물관, 미술관 등의 안내원을 뜻합니다. docent는 '다우쓴트' 정도로 발음되는데 '가르치다'란 뜻의 라틴어 docere에서 유래한 단어입니다. 문화재나 미술에 대한 수준 높은 전문 지식을 갖추고 관람객들에게 친절하게 설명하는 일을 하며 주로 자원봉사로 이루어집니다.

예문 ▶ 도슨트 모집 공고에 많은 사람들이 관심을 보였다.

⭐ 도큐먼트 document

document는 '서류, 문서'란 뜻입니다. 영어 발음은 '다큐먼트'에 가깝습니다. 또한 document엔 '상세한 내용을 기록하다'란 뜻도 있어서 어떤 주제에 관해 기록하듯 만든 영상물을 다큐멘터리라고도 합니다. 철자는 documentary입니다.

예문 ▶ 역사에 대해 더욱 깊이 파악할 수 있는 중요한 도큐먼트이다.

⭐ 랜드 마크 land mark

land는 '땅, 지역'이란 뜻이고 mark는 '표시'란 뜻입니다. 그래서 눈에 띄어서 어떤 지역을 상징하는 표지물이 된 것을 랜드 마크라고 부릅니다. 옛날 탐험가들이 탐험을 하면서 표식을 해둔 것에서 유래한 말이라고 합니다.

예문 ▶ 남산타워는 서울의 랜드 마크이다.

부록 II 외래어 제대로 알기

✦ 레임덕 lame duck

lame은 '다리를 저는'이란 뜻이고 duck은 '오리'입니다. 즉, '절름발이 오리'란 뜻이죠. 임기 만료를 앞두고 힘을 잃은 공직자의 모습이 이와 비슷하다고 하여, 그런 공직자나 힘을 잃은 기간을 일컫는 말로 쓰입니다.

예문 ▶ 잇따른 대형사건에 대한 허술한 대처가 조기 레임덕을 불러일으켰다.

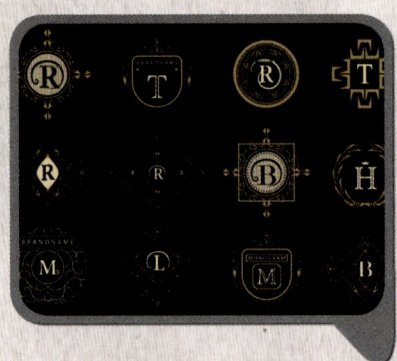

✦ 로열티 royalty

로열티는 특허권, 저작권, 상표권, 지적재산권 등을 사용하고 그 권리를 가진 사람에게 지불하는 대가를 일컫습니다. 물건 등 형태가 있는 것에 대한 권리뿐 아니라 이렇게 형태를 가지지 않은 것에 대한 소유권도 점차 중시되고 있습니다. 우리말로는 '사용료', '인세' 등으로 쓸 수 있겠죠?

예문 ▶ 수입 종자를 사용하는 농작물은 해외에 로열티를 지급해야 한다.

✭ 롤모델 role model

role은 '역할'이란 뜻이고 model은 '본보기, 모범 사례'란 뜻입니다. 물론 우리가 잘 알고 있듯이 '상품 모델, 의류 모델'이란 뜻으로도 사용되고요. role model은 '역할 모델'이란 뜻으로, 존경하고 본받고 싶은 사람 또는 어떤 대상을 말합니다.

예문 ▶ 많은 가수들이 조용필을 롤모델로 삼고 있다.

✭ 린치 lynch

정당한 법적 절차를 거치지 않고 폭력을 가하는 것을 말합니다. 18세기 미국 개척 시대, 사법 기관이 부족하여 버지니아 주의 치안판사 린치(Lynch, C. W.)가 법적 절차를 생략하고 사형시킬 수 있는 법을 만든 데서 유래한 표현입니다.

예문 ▶ 민주화 운동을 하던 수많은 시민들이 길거리에서 집단 린치를 당했다.

부록 II 외래어 제대로 알기

✦ 마진 margin

margin은 '차이 또는 차이로 생긴 여유'란 뜻인데요, 어떤 일을 한 후 투자한 것보다 벌어들인 것이 더 많아 그만큼 여유가 생긴 것, 즉 '수익'이란 뜻으로도 쓰입니다. 참고로 대출이자에서 예금이자를 뺀 차액을 예대마진이라고 한답니다.

예문 ▶ 벤츠는 수입차 중 최고 마진을 올리고 있다.

✦ 모니터링 monitoring

monitor는 '(텔레비전이나 컴퓨터 등의) 화면' 또는 '(측정 및 기록 등을 위한) 감시 장치'란 뜻입니다. '감시하다'란 뜻으로도 사용되고요. 여기에 -ing가 붙은 것인데요, 행동을 나타내는 영어 단어에 -ing가 붙으면 '~하기'란 뜻이 됩니다. 즉, monitor는 '감시하다'이고 monitoring은 '감시하기'입니다. 모니터링은 방송국이나 기업의 프로그램이나 제품을 관찰(감시)하고 의견을 내는 것 등을 가리킵니다.

예문 ▶ 한 장애인 단체에서 편의시설 모니터링 요원을 모집 중이다.

✪ 모럴 해저드 moral hazard

moral은 '도덕적인'이란 뜻이고 hazard는 '위험'이란 뜻입니다. 즉 '도덕적 위험'이란 뜻으로 도덕성 결여로 자신의 이익만을 추구하여 타인과 사회에 피해를 주는 것을 말합니다. 흔히 '도덕적 해이'로 해석되기도 하는데, 직접적인 피해를 준다는 점에서 '도덕적 위험'으로 보는 것이 옳습니다.

예문 ▶ 감사 결과 지자체의 모럴해저드가 심각한 수준임이 드러났다.

✪ 메이저 major

major는 '주요한, 중대한'이란 뜻인데, 외래어로서 두루 사용되고 있습니다. 주요한 사람을 가리키기도 하고, 주된 활동 무대를 가리키기도 합니다. 반대로 '중요하지 않은'이란 뜻의 마이너(minor)란 단어가 있는데, 주요 인물 외의 사람 또는 주 무대가 아닌 곳을 가리킵니다.

예문 ▶ 그 가수는 오랫동안 마이너에서 활동하다가 메이저 무대로 올라섰다.

외래어 제대로 알기

부록 II   외래어 제대로 알기

✦ 메커니즘 mechanism

mechanism은 '(과업을 수행하는) 기계 장치'란 뜻인데, 어떤 것의 작용 원리, 구조, 과정 등의 의미로 쓰입니다. 우리말로는 '체제'라고 할 수 있습니다.

예문 ▶ 세계 최초로 암이 전이되는 메커니즘을 규명했다.

✦ 바로미터 barometer

barometer는 '기압계'란 뜻인데 '(경제·사회·정치적 상황을 보여 주는) 지표'란 뜻으로 널리 사용되고 있습니다. 어떤 사물의 수준이나 상태를 아는 기준, 즉 '척도'가 되는 것을 일컫습니다. 영어 발음은 '버라미러'에 가깝습니다.

예문 ▶ 손톱 상태는 건강의 바로미터 역할을 한다.

✭ 부르주아 bourgeois

bourgeois는 '중산층의'란 뜻으로, 근대 유럽 절대 왕정의 중상주의 경제 정책으로 부를 축적한 자본가 계급을 말합니다. 최근엔 '부자'들을 속되게 이르는 말로 자주 사용됩니다.

예문 ▶ 그 영화는 부르주아들의 허위의식과 계급주의를 날카롭게 묘사한다.

✭ 벤치마킹 benchmarking

일단 benchmark의 뜻부터 살펴보자면, '기준이 되는 점'입니다. 여기서 benchmarking이란 단어가 생겼는데, 우량 기업의 장점을 도입하여 기준으로 삼는 경영 기법을 말합니다. 다른 것의 장점을 도입하는 행위에 두루 쓰이고 있습니다.

예문 ▶ 선진국의 복지정책을 벤치마킹하였다.

부록 II 외래어 제대로 알기

✶ 브레인스토밍 brainstorming

brain은 '뇌'란 뜻이고 storm은 '폭풍, 폭풍처럼 기습하다'란 뜻입니다. brainstorming은 뇌를 활성화시켜 폭풍처럼 의견을 쏟아내는 것을 말합니다. 보통 한 주제에 관해 여러 명이 동시에 자유롭게 생각을 제시하는 과정을 가리킵니다. 수많은 아이디어에서 우수한 아이디어가 나올 가능성이 많기 때문에 이러한 과정을 거치곤 합니다. 이때 타인의 의견에 대한 비판은 절대 금물입니다.

예문 ▶ 브레인스토밍을 통해 광고 콘셉트를 정해 봅시다.

✶ 블루오션 blue ocean

blue는 '푸른'이란 뜻이고 ocean은 '큰 바다'란 뜻입니다. 즉 '넓고 푸른 바다'란 말로 고기가 많이 잡힐 수 있는 바다를 뜻하죠. 경제 용어로는 '현재 형성되지 않거나 많이 알려져 있지 않아 경쟁자가 없는 시장'을 가리킵니다. 반대로 '이미 많이 알려져서 경쟁자가 많은 시장'은 레드오션(red ocean)이라고 합니다. red는 '붉은'이란 뜻으로 경쟁자가 많아 출혈하기 쉬움을 의미하지요.

예문 ▶ 불황 속에서 반려 동물 시장이 블루오션으로 떠오르고 있다.

✸ 스카우트 scout

scout는 '무언가를 찾기 위해 정찰하다'란 뜻인데요, 능력 있는 사람을 찾아서 채용하는 것을 뜻하기도 합니다. 그리고 그런 일을 전문적으로 하는 사람을 스카우터(scouter)라고 합니다.

예문 ▶ 경쟁사로부터 스카우트 제의를 받아 고민 중이다.

✸ 스포일러 spoiler

spoil은 '망치다'란 뜻인데, 여기에 -er이 붙어 '방해물'이란 뜻이 되었습니다. 여기서 영화 등의 내용을 미리 흘려서 제대로 볼 수 없게 만드는 행동을 가리키는 뜻이 파생되었고요. 정치적으로는 당선 가능성은 낮지만 유력 후보의 당선에 지장을 줄 정도의 후보자를 뜻하기도 합니다.

예문 ▶ 스포일러 때문에 그 영화의 반전을 미리 알게 되었다.

부록 II   외래어 제대로 알기

✦ 스폰서 sponsor

sponsor는 '(행사, 방송 등의) 후원 업체, (자선 행사의) 후원자'를 뜻합니다. 주로 경제적인 후원을 하고 홍보 효과를 얻기 때문에, '돈을 대주는 사람'을 속되게 이르기도 합니다.

예문 ▶ 그 여자 연예인은 스폰서가 있는 게 분명하다.

✦ 샘플 sample

sample은 본보기로 이용할 '견본품' 또는 어떤 것의 일부를 '추출한 것'을 말합니다. 또 이러한 것을 만드는 과정을 샘플링(sampling)이라고 합니다. 레스토랑 메뉴에 샘플러(sampler)란 것을 볼 수 있는데, 여러 메뉴를 조금씩 담아낸 것을 말합니다.

예문 ▶ 그 화장품 샘플을 사용해 보니 나에겐 맞지 않더라.

✸ 아웃소싱 outsourcing

out은 '밖으로'란 뜻이고 source는 '출처'란 뜻도 있지만 여기선 '공급자를 찾다'란 뜻입니다. 즉, 밖에서 공급자를 찾는다는 뜻이죠. 기업에서 경영 효과 및 효율을 극대화하기 위해 일부 업무를 외부 업체에 위탁하는 것을 말합니다.

예문 ▶ 많은 방송 프로그램들이 아웃소싱으로 제작되고 있다.

✸ 어젠다 agenda

agenda는 '의제, 안건'이란 뜻입니다. 회의나 세미나 등에서 여러 사람이 모여 함께 의논할 사항이나 협의할 주제를 말하지요. 우리말로 순화하여 사용하는 것이 좋지만 최근 많이 사용되고 있으니 알아 두세요.

예문 ▶ 반기문 총장은 한국 기업이 글로벌 어젠다에 이바지해야 한다고 말했다.

외래어 제대로 알기

부록 II 외래어 제대로 알기

✦ 이데올로기 ideology

ideology는 '이념'이란 뜻으로 역사적 또는 사회적 입장이 반영된 인간의 의식 형태를 말합니다. 영어 발음은 '아이디알러쥐'에 가깝습니다. '보수적 이데올로기', '반서방 이데올로기', '정치 이데올로기' 등으로 활용되고 있습니다.

예문 ▶ 정치적 이데올로기를 떠나서 인권 문제를 바라보아야 한다.

✦ 인덱스 index

index는 '색인, 목록'이란 뜻입니다. 도서의 말미에 용어를 가나다순으로 정리한 후 해당 쪽수를 표기해 놓은 것이 그 예입니다. 컴퓨터 프로그램에서 일정한 기준에 따라 자료를 관리하는 기능 또한 인덱스라고 합니다.

예문 ▶ 인덱스에서 그 용어를 찾아봐.

⭐ 에필로그 epilogue

epilogue는 연극 또는 영화의 종결 부분이나 책의 끝맺는 말을 뜻합니다. 반대로 도입부는 프롤로그(prologue)라고 하고요. 이밖에도 다양한 분야에서 '시작'과 '끝'이라는 의미로 두루 쓰이고 있습니다.

예문 ▶ 작가는 에필로그를 통해 작품의 의도를 설명했다.

⭐ 정크 푸드 junk food

junk는 '쓰레기'란 뜻이고 food는 '음식'이란 뜻입니다. 쓰레기 같은 음식, 즉 건강에 좋지 않은 음식을 말합니다. 햄버거 등의 패스트푸드나 컵라면 등의 인스턴트 음식이 대표적인 정크 푸드입니다.

예문 ▶ 대표적인 정크 푸드로 알려진 햄버거가 건강 음식으로 탈바꿈하였다.

부록 II 외래어 제대로 알기

✪ 제로베이스 zero-base

zero는 '0'이란 뜻이고 base는 '기초, 기초로 하다'란 뜻입니다. 0을 기준으로 한다, 즉 백지 상태로 되돌리거나 출발점에서 다시 시작하는 것을 말합니다. 우리말로는 '영(0)점 기준'이라고 합니다. 영어 발음은 '지z어로우베이스'에 가깝습니다.

예문 ▶ 내년 예산을 제로베이스에서 다시 검토해야 한다.

✪ 지피에스 GPS

GPS는 global positioning system(글로벌 포지셔닝 시스템)의 약어입니다. global은 '지구의, 세계적인', positioning은 '위치', system은 '체계'란 뜻입니다. '전 지구 위치 파악 시스템'으로 위성을 통해 지구에서의 위치를 파악하는 기술을 말합니다. 내비게이션, 스마트폰 등에 많이 활용되고 있습니다.

예문 ▶ 경찰이 신병을 비관해 자살을 기도하는 사람을 GPS를 통해 찾아 구조했다.

⛤ 체리피커 cherry picker

cherry는 과일의 일종인 '체리'를 뜻하고요 picker는 '따는 사람'이란 뜻입니다. 글자 그대로 보자면 '체리를 따는 사람'인데요, '자신의 실속만 차리는 소비자'를 일컫는 말로도 사용됩니다. 기업에서 마케팅을 하느라 내놓는 혜택만 이용하고 실제 구매는 하지 않는 일을 일삼는 사람들이 그 예입니다.

예문 ▶ 실적 없이 혜택만 쓰는 체리피커들 때문에 카드사에서 골머리를 앓고 있다.

⛤ 채팅 chatting

chat은 '수다를 떨다'란 뜻이고 chatting은 '수다 떨기'란 뜻인데, 통신 기술을 통해 전 세계를 연결하는 인터넷을 통해 글자를 입력하는 형식으로 대화를 나누는 것을 채팅이라고 합니다.

예문 ▶ 채팅을 이용한 범죄가 늘고 있다.

부록 II   외래어 제대로 알기

✬ 카니발 carnival

carnival은 '축제'란 뜻입니다. 로마시대 그리스도교를 믿는 로마인들을 회유하기 위해 시작된 제전을 뜻하는 라틴어 '카르네 발레(carne vale)'에서 나온 말이며, 현재는 종교와 상관없이 '축제'란 의미로 두루 쓰이고 있습니다.

예문 ▶ 이탈리아 베네치아에서는 매년 1월 말에서 2월 사이에 카니발이 열린다.

✬ 키워드 keyword

key는 '열쇠'란 뜻 외에도 '핵심적인, 가장 중요한'이란 뜻이 있습니다. 그리고 word는 '단어'란 뜻이고요. 즉 '핵심적인 단어'란 뜻입니다. 컴퓨터에서 정보를 찾거나 지시사항을 입력하는 단어란 의미로도 사용됩니다.

예문 ▶ 사람들이 자주 검색하는 키워드들을 광고에 활용할 수 있다.

✦ 콘셉트 concept

concept는 '개념'이란 뜻으로 작품이나 제품, 공연 등에서 드러내고자 하는 주된 생각을 의미합니다. 영어 발음은 '칸셉트'에 가깝습니다. 외래어표기법상 콘셉트로 쓰지만 '컨셉', '컨셉트' 등으로 잘못 쓰이는 경우가 많습니다.

예문 ▶ 이번 앨범의 콘셉트는 자유이다.

✦ 크로스오버 crossover

cross는 '건너다'라는 뜻 외에도 '혼합'이란 뜻이 있습니다. over는 '~ 너머 저편으로'라는 뜻이고요. 그래서 어떤 두 가지 이상이 혼합된 것을 말합니다. 주로 음악 장르를 혼합하는 것을 가리킵니다.

예문 ▶ 이 공연은 동화와 발레를 접목한 크로스오버 형태이다.

외래어 제대로 알기

부록 II 외래어 제대로 알기

✦ 카오스 chaos

chaos는 '혼돈, 혼란'이란 뜻입니다. 그리스인들은 만물이 발생하기 전에는 천지의 구별이 없는 무질서한 상태였을 거라고 생각했습니다. 그리고 그 상태를 chaos라고 합니다. 과학적으로는 그 복잡함 속에도 일정한 규칙이 있다고 보기도 합니다. 영어 발음은 '케이아스'에 가깝습니다.

예문 ▶ 네팔은 현재 지진으로 카오스 상태이다.

✦ 카타르시스 catharsis

catharsis는 '마음의 정화'란 뜻입니다. 우울함, 긴장감, 불안감 등 마음속의 부정 심리가 해소되어 마음이 정화되는 것입니다. 심리학적으로는 마음의 상처나 응어리를 배설하여 안정을 찾는다는 의미로도 사용됩니다.

예문 ▶ 그 작품은 결말 부분에서 정의를 구연하여 관객들에게 카타르시스를 선사했다.

✯ 캐스팅보트 casting vote

casting은 '표를 던지다'란 뜻이고 vote는 '투표'란 뜻입니다. 이러한 의미에서 캐스팅보트는 어떤 안건에 대해 찬성과 반대의 수가 같을 경우 의장이 결정을 하는 것을 말합니다. 참고로 우리나라 국회에선 찬반 수가 같을 경우 부결로 처리합니다.

예문 ▶ 충청도가 당권의 캐스팅보트 지역으로 꼽히고 있다.

✯ 캐치프레이즈 catch phrase

catch phrase는 '선전 구호, 유명 문구'란 뜻입니다. 광고나 신문·잡지의 기사에서 한마디로 시선을 끄는 문구를 말하죠. 내용을 핵심적으로 보여 주면서 짧고 인상적이어야 합니다.

예문 ▶ '편리하고 친절한 전통시장'이란 캐치프레이즈를 걸고 적극 홍보 중이다.

부록II 외래어 제대로 알기

✦ 컨슈머 consumer

consumer는 '소비자'란 뜻입니다. 영어 발음은 '컨수머'에 가깝습니다. 블랙 컨슈머(black consumer)는 악성 민원을 제기해 과도한 보상금을 요구하는 소비자를 말하고, 프로슈머(prosumer)는 생산자(producer)와 소비자(consumer)를 합성한 말로 직접 생산 과정에도 참여하는 소비자를 말합니다.

예문 ▶ 이 업체는 블랙 컨슈머들의 횡포로 파산 직전에 이르렀다.

✦ 튜닝 tuning

tune은 '(악기를) 조율하다, (라디오의) 채널을 맞추다'란 뜻인데, 여기에 -ing가 붙은 것입니다. 의미가 확장되어 어떤 과정을 거쳐 향상시키는 행위를 튜닝이라고도 합니다. 자동차나 컴퓨터를 손대서 성능을 향상시키는 의미로 자주 사용됩니다.

예문 ▶ 경찰들이 자동차 불법 튜닝을 단속하고 있다.

✦ 템플스테이 temple stay

temple은 '절, 사찰'이란 뜻이고 stay는 '머물다, 방문'이라는 뜻입니다. 즉 절에서 머무는 것을 말하는데요, 전통 사찰에서 관광객들에게 제공하는 프로그램입니다. 사찰에 머물면서 발우공양, 예불 등을 체험합니다.

예문 ▶ 템플스테이는 외국인 관광객들에게 특별한 경험을 제공한다.

✦ 태블릿 피씨 tablet PC

tablet은 명판 등의 '판'을 가리키고 PC는 퍼스널 컴퓨터(personal computer)의 약자로 개인용 컴퓨터를 뜻합니다. 즉, 판 모양의 개인용 컴퓨터란 뜻이죠. 자판(키보드) 없이 화면(스크린)만 있는데 화면을 터치하는 것으로 입력 등이 가능합니다.

예문 ▶ 태블릿 피씨와 스마트폰의 보급으로 독서량이 더욱 줄고 있다.

부록 II 외래어 제대로 알기

✦ 태클 tackle

tackle은 '(축구에서) 공을 뺏다', '(위협적인 상대에게) 맞붙다'란 뜻입니다. 역시 축구 중계에서 가장 자주 들을 수 있죠? 그리고 누군가 어떤 행위를 할 때 다른 사람이 방해를 하는 것도 태클이라고 표현하기도 합니다.

예문 ▶ 너 자꾸 내 말에 태클 걸래?

✦ 태닝 tanning

tan이 '햇볕에 태우다'란 뜻인데요, 여기에 -ing가 붙어 '햇볕에 태우기'란 뜻이 되었습니다. 우리말로는 '일광욕'이라고 하면 되겠네요. 오일(oil, 기름)을 바르면 더 예쁜 색으로 타는데, 이때 바르는 오일을 태닝 오일이라고 합니다.

예문 ▶ 태닝한 피부가 섹시해 보인다.

✼ 패스트푸드 fast food

fast는 '빠른'이란 뜻이고 food는 '음식'이란 뜻입니다. 즉, 빨리 조리되는 음식을 뜻하죠. 햄버거, 피자, 도넛 등 간단하게 빨리 만들 수 있는 음식으로 주로 건강에는 좋지 않은 것들입니다. 반대로 슬로푸드(slow food)는 각 지역의 전통 음식을 보존하며 다양한 식생활을 추구하는 것을 말합니다.

예문 ▶ 잦은 패스트푸드 섭취는 대장염을 유발한다.

✼ 프랜차이즈 franchise

franchise는 '회사의 가맹점 영업권'을 가리킵니다. 상호, 특허, 기술 등을 가진 본사에서 소매점과 계약하여 사용권, 판매권, 기술 등을 제공하고 대가를 받는 시스템입니다. 본사를 프랜차이저(franchisor)라고 하고 가맹점을 프랜차이지(franchisee)라고 합니다.

예문 ▶ 여러 프랜차이즈의 장단점을 잘 따져 보고 선택해야 한다.

부록 II 외래어 제대로 알기

⭐ 피트니스 센터 fitness center

fitness는 '신체 단련, 건강'이란 뜻이고 center는 '종합 시설'이란 뜻입니다. 신체 단련을 하는 종합 시설로 '헬스 클럽(health club)'이라고 하기도 하지요. 참고로 헬스 클럽의 health는 '건강'이란 뜻이고 club은 '사교를 위한 클럽'이란 뜻입니다.

예문 ▶ 아파트 단지 내에 피트니스 센터가 있다.

⭐ 패널 panel

panel은 특정 문제에 대해 견해를 이야기하는 전문가 집단을 말합니다. 영어 발음은 '패늘'에 가깝습니다. 또 panel엔 '(목재, 유리, 금속 등으로 된 사각형) 판'이란 뜻도 있는데요, '판넬'이라고 들어 보셨죠? 바로 이 panel의 잘못된 표기입니다.

예문 ▶ 토론회에 패널 참석하여 전문가로서의 의견을 피력했다.

✶ 패러독스 paradox

paradox는 '역설, 역설적인 사람'을 가리키며, 영어 발음은 '패뤄닥스'에 가깝습니다. '역설'이란 말 자체도 쉬운 개념은 아니지요? 일반적으로 인정되고 있는 원칙이나 견해에 대립하는 것을 말합니다.

예문 ▶ 인터넷 발달로 정보가 풍요로워졌지만 오히려 그 신뢰성은 떨어지는 '풍요의 패러독스'의 시대이다.

✶ 하이라이트 highlight

high는 '높이'라는 뜻이고 light는 '불을 붙이다'란 뜻입니다. 즉 '강조 표시를 하다, 강조하다'란 뜻이 됩니다. 또 스포츠나 영화 등에서 가장 중요하거나 인상적인 부분을 가리키기도 합니다.

예문 ▶ 한국 대 스페인 예선 경기 하이라이트 영상을 보고 있다.

외래어 제대로 알기

부록 II 외래어 제대로 알기

⭒ 하프타임 halftime

half는 '반, 절반'이란 뜻이고 time은 '시간'이란 뜻입니다. 즉, 시합 등의 '중간 휴식 시간'을 말합니다. 미국식 발음은 '해프f타임'에 가깝고 영국식 발음은 '하프f타임'에 가깝습니다.

예문 ▶ 한국은 전반 14분 만에 실점을 당한 뒤 만회하지 못하고 하프타임을 맞았다.

⭒ 헤게모니 hegemony

hegemony는 '패권, 지배권, 주도권'이란 뜻입니다. 통상적으로 한 집단이나 국가, 문화가 다른 집단이나 국가, 문화를 지배하는 것을 가리킵니다. 독일어에서 온 말인데 영어 발음은 '히제모우니'에 가깝습니다.

예문 ▶ 불법 대선 자금 증거가 속속 드러나면서 여권 내부의 헤게모니에도 영향이 미치고 있다.

하이브리드 hybrid

hybrid는 '(동물이나 식물의) 잡종'을 뜻하며, 두 가지 이상을 합친 '혼합물'을 가리키기도 합니다. 최신 기기의 특징을 말할 때 자주 쓰이는데, 두 개 이상의 기능이나 요소를 결합하여 개발한 제품을 말합니다.

예문 ▶ DSLR 카메라와 디지털 카메라의 장점을 결합한 하이브리드 카메라가 인기이다.

해프닝 happening

happening은 '이상한 일, 우연히 일어난 사건'이란 뜻입니다. 예술 용어로도 자주 쓰이는데 일상적인 현상을 이상하게 느껴지도록 처리하여 무언가를 느끼도록 하는 것을 말합니다.

예문 ▶ 주한 외교관의 행방불명 사건은 해프닝으로 밝혀졌다.

부록 II 외래어 제대로 알기

✶ 핸디캡 handicap

handicap은 '신체적·정신적 장애, 불리한 조건'이란 뜻입니다. 스포츠에서 더욱 흥미로운 대결을 위해 약한 쪽에게 유리한 점을 주거나 강한 쪽에게 불리한 점을 주는 것을 말합니다. 신체적 혹은 정신적 장애뿐 아니라 '불리한 점'을 두루 가리킬 때도 쓰입니다.

예문 ▶ 그 배우에게는 뛰어난 외모가 핸디캡으로 작용했다.

영어와 친해지는
영어가 포함된 신조어

✡ 공홈

'공식 홈페이지'를 줄인 말입니다. 홈페이지(homepage)는 인터넷상의 화면을 말합니다. 수많은 홈페이지들 중 공식적으로 관리하는 홈페이지를 공식 홈페이지라고 합니다. 예를 들어 어떤 연예인을 주제로 하는 홈페이지는 수없이 많은데, 그중 해당 연예인의 소속사에서 직접 관리하는 홈페이지를 공식 홈페이지라고 합니다.

예문 ▶ 그 가수의 스케줄을 관리하려면 공홈을 확인해 봐.

✡ 개탤맨

'개그맨(gagman)'과 '탤런트(talent)'를 합친 말입니다. 개그도 하고 연기도 하는 연예인을 가리키는 것이죠. 주로 개그맨으로 활동하던 사람들이 연기를 하는 경우가 많죠?

예문 ▶ 그 사람은 정말 개탤맨이라고 부를 만해.

✡ 광클

'광적인 클릭(click)'을 줄인 말입니다. click은 '딸깍 소리를 내다'란 뜻인데 컴퓨터의 마우스를 누를 때 딸깍 소리가 나서 이를 클릭한다고 말합니다. 마우스(mouse)는 컴퓨터에 연결하여 화면상의 화살표를 선택하는 도구로, 쥐(mouse)와 모양이 비슷해서 마우스라고 합니다.

예문 ▶ 이 자리를 예매하기 위해 광클을 했지.

부록 II 외래어 제대로 알기

✦ 노잼

'노'는 '없는'이란 뜻의 no이고 '잼'은 '재미'를 줄인 것입니다. 즉, 재미가 없다는 뜻입니다.

예문 ▶ 그 코너 완전 노잼이야.

✦ 닉

'별명'이란 뜻의 '닉네임(nickname)'을 줄인 말입니다. 인터넷상에선 실명보다 별명으로 활동하는 경우가 많습니다. 이를 간단히 '닉'이라고 합니다.

예문 ▶ 닉을 자꾸 바꾸는 사람은 신뢰가 안 가.

✦ 뇌섹남

'뇌섹남'의 '섹'은 '섹시(sexy)'를 말합니다. sexy는 '매력 있는'이란 뜻으로, 뇌가 매력 있는 남자를 가리킵니다. 즉, 지능이 높거나 생각이 바른 남자를 뜻합니다.

예문 ▶ 그 남자 완전 뇌섹남이야.

✦ 돌싱

'돌아온 싱글'을 줄인 말입니다. '싱글(single)'은 '독신자'란 뜻으로, 독신자이긴 한데 결혼을 했다가 이혼한 사람을 뜻합니다.

예문 ▶ 돌싱끼리 모이는 동호회도 있더라.

☆ 득템

'얻을 득(得)' 자와 '아이템(item)'을 합친 말입니다. item은 '물품'이란 뜻으로, 어떤 물품을 얻었다는 의미입니다. 주로 뜻밖에 좋은 물건을 구했을 때 사용됩니다.

예문 ▶ 오늘 지하상가에서 완전 득템했어.

☆ 링스

'링크 스크랩'을 줄인 말입니다. 링크(rink)는 원래 '연결 고리'란 뜻인데 인터넷상의 수많은 홈페이지의 주소를 가리킵니다. 상단 주소창에 링크를 치면 해당 페이지로 가는 것이죠. 스크랩(scrap)은 원래 '작은 조각'이란 뜻인데 무언가를 잘라내어 보관하는 것을 말합니다. 즉, 인터넷상의 주소를 따오는 것입니다.

예문 ▶ 이 홈페이지 멋지다! 링스 해 놔야겠어.

☆ 모태솔로

'모태(母胎)'는 '어미의 태 안'을 가리키며 '솔로(solo)'는 '무언가를 혼자 하는 사람'을 가리킵니다. 어머니의 뱃속에 있을 때부터 현재까지 혼자라는 뜻으로 연애를 한 번도 해보지 못한 사람을 조롱하듯 일컫는 말입니다.

예문 ▶ 너 정말 모태솔로야?

부록 II 외래어 제대로 알기

✶ 멘붕

'멘붕'의 '멘'은 '멘탈(mental)'의 앞 글자를 딴 것이고 '붕'은 '붕괴(崩壞)'의 앞 글자를 딴 것입니다. mental은 '정신적인'이란 뜻이므로 '정신이 무너지다'란 의미가 됩니다. 그 정도로 충격을 받았을 때 사용하는 말입니다.

예문 ▶ 그 뉴스를 보고 한동안 멘붕이었어.

✶ 브금

'브금'은 BGM을 알파벳 발음대로 읽은 것입니다. B는 '브' 소리이고 G는 '그', M은 'ㅁ'이니까요. BGM은 background music의 줄임말로 '배경 음악'이란 뜻입니다. background가 '배경', music이 '음악'이란 뜻이에요.

예문 ▶ 브금 주의 → 컴퓨터나 스마트폰으로 어떤 게시글을 볼 때 배경 음악이 커서 놀랄 수 있으니 주의하라는 뜻입니다.

✶ 브런치

'아침 식사'란 뜻의 breakfast와 '점심 식사'란 뜻의 lunch를 합친 말입니다. 10시에서 12시쯤 아침과 점심을 한꺼번에 해결하는 식사로 영어로는 brunch라고 씁니다. 우리말로는 '아점'이라고 줄여 말하기도 하죠?

예문 ▶ 이번 주말에 브런치 어때?

✶ 베이글녀

'아기'를 뜻하는 '베이비(baby)'와 '화려함'이란 뜻의 '글래머(glamour)', '여자 여(女)' 자를 합친 말입니다. 글래머는 우리나라에선 섹시한 몸매를 가리킬 때 자주 사용됩니다. 그래서 얼굴은 아기 같이 귀엽고 몸매는 섹시한 여자를 말합니다.

예문 ▶ 그 남자 베이글녀만 바라다간 평생 싱글로 살 거야.

❋ 베프

'베스트 프렌드(best friend)'를 줄인 말입니다. '최고의 친구' 즉, '절친한 친구'를 가리킵니다. '절친'이라고 줄여 말하기도 합니다.

예문 ▶ 내 베프가 이민을 간대서 마음이 너무 허전해.

❋ 케바케

'케이스 바이 케이스'의 앞 글자를 딴 말입니다. case by case는 '개별적으로, 사례별로'란 뜻으로, 상황에 따라 다르다고 말할 때 자주 쓰입니다.

예문 ▶ 성형 수술의 결과는 케바케지. 부작용을 무시할 순 없어.

❋ 악플

'악할 악(惡)' 자와 '답장, 대응'이란 뜻의 '리플라이(reply)'의 '플' 자를 합성한 말입니다. 어떤 게시물에 악의적으로 단 댓글을 말합니다. 특히 연예인의 기사 등에 심한 욕설이나 인신공격 등의 댓글이 달려 자살을 하기도 해 사회문제가 되고 있습니다. 반대로 좋은 댓글은 '착할 선(善)' 자를 따서 '선플'이라고 하고, 가장 좋은 댓글은 '최고'란 뜻의 '베스트(best)'의 '베' 자를 따서 '베플', 댓글이 없을 땐 '없을 무(無)' 자를 따서 '무플'이라고 합니다.

예문 ▶ 악플은 한 사람을 죽음으로 몰고갈 수도 있다.

☆ 케미

'케미스트리(chemistry)'를 줄인 말입니다. chemistry는 원래 '화학'이란 뜻인데, 사람 사이의 화학 반응, 즉 서로 끌리는 무언가를 뜻합니다.

예문 ▶ 우린 서로 케미가 없어.

☆ 리즈 시절

누군가의 '전성기, 황금기'란 뜻입니다. 앨런 스미스란 축구 선수가 과거 리즈 유나이티드에서 뛰어난 활약을 펼친 것을 팬들이 그리워하며 생긴 말이라고 합니다.

예문 ▶ 그 배우 리즈 시절에 진짜 최고였어!

☆ 스샷

'스크린샷(screenshot)'을 줄인 말입니다. screenshot은 컴퓨터나 스마트폰의 화면을 그대로 이미지 파일로 저장하는 것을 가리킵니다. '캡처(capture)'도 비슷한 뜻으로 쓰이는데, capture는 '포착하다'란 뜻으로 동영상의 한 부분을 딸 때 주로 쓰입니다.

예문 ▶ 지금 이 화면 스샷 저장해 놓자.

☆ 스압

'스크롤(scroll)'과 '압박'을 합친 말입니다. scroll은 '두루마리'란 뜻인데, 컴퓨터나 스마트폰 화면을 볼 때 아래로 죽 내리며 보는 것을 말합니다. 내용이 길어서 아래로 계속 내리며 봐야 할 때 '스크롤 압박'이란 말을 씁니다. 주로 제목에 '스압 주의'라고 써서 내용이 많음을 알리는 데 사용됩니다.

예문 ▶ 그 기사 스압 장난 아니던데?

스펙

'스페시피케이션(specification)'을 줄인 말입니다. 원래는 '설명서'란 뜻인데, 우리나라에서 구직자들의 어학 시험 점수, 학력, 학점, 자격증 등을 통틀어 일컫기도 합니다.

예문 ▶ 요즘 대학생들은 스펙을 쌓기 위해 젊음을 즐기지 못한다.

샐러던트

'직장인'이란 뜻의 '샐러리맨(salary man)'과 '학생'이란 뜻의 '스튜던트(student)'를 합친 말입니다. 즉 회사를 다니면서 자기계발을 위해 공부를 하는 사람들을 말합니다.

예문 ▶ 요즘은 샐러던트만이 살아남을 수 있어.

셀카

'셀프(self)'와 '카메라(camera)'를 합친 말입니다. self는 '자기 자신'이란 뜻으로, 카메라로 스스로를 찍은 사진을 말합니다. 영어로는 셀피(selfie)라고 합니다.

예문 ▶ 셀카는 실물과 다른 경우가 참 많아.

쉴드치다

'쉴드(shield)'는 '방패, 보호하다'란 뜻입니다. 누군가가 비난받을 때 대신 설명을 해주거나 잘못이 아니라고 하는 등 보호해 주는 행위를 말합니다.

예문 ▶ 그 연예인의 잘못은 팬들이 쉴드쳐 준다고 넘어갈 일이 아니다.

| 부록 II | 외래어 제대로 알기 |

✪ 썸

'썸띵(something)'을 줄인 말입니다. something은 '무엇인가'란 뜻인데, 이성 간에 생기기 시작하는 미묘한 연애 감정을 뜻하기도 합니다. 예전엔 "쟤네 사이에 썸띵 있는 거 같지 않아?"라고 했는데 요즘은 더 줄여서 '썸'이라고 하고, 그런 행위를 '썸을 타다'라고 하기도 합니다.

예문 ▶ 요즘 썸 타는 사람 있어?

✪ 알파걸

그리스 문자의 첫째 글자를 뜻하는 '알파(alpha)'와 '소녀'란 뜻의 '걸(girl)'을 합친 말입니다. alpha의 영어 발음은 '앨퍼f'에 가깝고 '1등, 최고'란 뜻도 있어 알파걸은 뭐든 잘하는 여자를 가리킵니다.

예문 ▶ 안젤리나 졸리가 대표적인 알파걸이지.

✪ 어그로

'공격적인'이란 뜻의 aggressive를 줄인 말입니다. 영어 발음이 '어그뤠시브v'인데, 이를 '어그로'라고 한 것입니다. 게임을 할 때 공격적으로 해서 수많은 적을 끄는 것을 가리키며, 인터넷상에서 사람들의 관심을 끌기 위해 안 좋은 글을 올리는 것을 말하기도 합니다.

예문 ▶ 이 글 쓴 사람은 어그로가 분명하니 대응하지 맙시다.

✡ 업뎃

'업뎃'은 '업데이트(update)'를 줄여서 표현한 것입니다. update는 '갱신하다'란 뜻으로, 문서나 웹 페이지, 컴퓨터 시스템 등이 오래되면 현재의 상황에 맞게 변경하거나 추가, 삭제하는 것을 말합니다.

예문 ▶ 홈페이지를 매달 업뎃해야 해.

✡ 이모티콘

'감정'이란 뜻의 '이모션(emotion)'과 '컴퓨터 화면의 표시'란 뜻의 '아이콘(icon)'을 합친 말입니다. 웃는 표정을 나타내는 ^^, 우는 표정을 나타내는 ㅠㅠ 등이 그 예입니다.

예문 ▶ 이모티콘이 없으면 문자가 좀 차갑게 느껴지더라.

✡ 앱

'애플리케이션(application)'을 줄인 말입니다. application은 '응용 프로그램'이란 뜻인데, 주로 스마트폰으로 다운받아서 활용할 수 있는 프로그램을 말합니다. 게임은 물론, 버스 노선 정보, 날씨 정보 등 무한한 분야의 애플리케이션이 있습니다.

예문 ▶ 앱을 통해 영어 공부도 할 수 있어.

✡ 엣지

'모서리, 뾰족함, 날카로움'이란 뜻의 '엣지(edge)'에서 나온 말입니다. 광고 및 패션 업계에서 돋보이고 두드러지는 것을 가리킬 때 사용됩니다.

예문 ▶ 왜! 오늘 스타일 완전 엣지 있는데?

부록 II 외래어 제대로 알기

✦ 웹툰

'인터넷상의 공간'을 뜻하는 '웹(the web)'과 '만화'란 뜻의 '카툰(cartoon)'을 합친 말입니다. 책의 형태로 연재하거나 발행하는 것이 아니라 인터넷상에 올리는 만화를 말합니다.

예문 ▶ 요즘은 웹툰이 대세야.

✦ 재테크

'재물 재(財)' 자와 '기술'이란 뜻의 '테크닉(technique)'을 합친 말입니다. 즉, 돈을 다루는 기술이란 뜻으로 돈을 여러 방법으로 불리는 행위를 말합니다.

예문 ▶ 요즘은 재테크할 방법도 점점 없어지는 것 같아.

✦ 프사

'프로필 사진'의 줄임말입니다. '프로필(profile)'은 '개요'란 뜻이므로, 프로필 사진은 어떤 사람의 특징을 나타내 주는 사진을 말합니다. 요즘 '카카오톡', '페이스북' 등 소셜네트워크서비스가 발달하면서 자신의 사진을 게시해 두는데, 이를 프로필 사진이라고 합니다. 참고로 profile의 영어 발음은 '프로파f일'에 가깝습니다.

예문 ▶ 너 카톡 프사 바꾼 거 멋있더라?

4

영어 수다쟁이가 되기 위한
상황별 표현

영어 문장을 만드는 방법에 대해 알아보았으니 이제 간단한 의사 표현을 할 수 있을 것입니다. 그러면 이제 직접 말을 걸어 볼까요? 요즘은 우리나라에도 외국인들이 많아 조금만 용기를 낸다면 기회는 얼마든지 있답니다. 그리고 가족들과 재미로 영어 대화를 나눌 수도 있고, 해외여행에서 필요한 말들을 할 수도 있겠죠. 꼭 필요한 상황별 영어 표현을 연습해 봅시다.

Day 41

track 41-1

한국에서 외국인에게 말 걸기

자, 이제 어느 정도 기초를 익혀 보았으니 한번 사용해 봐야겠지요? 예전엔 외국인을 쉽게 볼 기회가 없었지만 최근엔 국내에도 외국인이 참 많아졌습니다. 낯선 외모 때문에 이질감을 느끼는 것도 있지만, 어쩌면 언어가 달라 소통이 어려워서 더 낯설게 느껴지는 건 아닐까요? 세계어인 영어로 그들에게 말을 걸어 보면 우리와 똑같은 사람이란 걸 알 수 있을 것입니다. 그리고 소통이 되고 나면 영어 학습 욕구가 더욱 불타오를 것입니다.

안녕하세요? 나는 홍길동이라고 해요. 그냥 홍이라고 부르면 돼요.
Hi, I am Gil-dong Hong. You can call me just "Hong."
하이 아이 앰 길동 홍   유 캔 컬 미 져스트 홍

can은 '~할 수 있다, ~해도 좋다'란 뜻입니다. 그래서 You can call me ~이라고 하면 '나를 ~이라고 불러도 좋다'란 뜻이에요. 우리말 이름은 외국인들이 발음하기에 쉽지 않기 때문에 간단하게 불러도 좋다고 하거나 영어 이름을 만들어서 알려 주는 것도 좋습니다.

당신의 이름을 알 수 있을까요?
Can I have your name?
캔 아이 해브ᵥ 유얼 네임

여기서도 can이 나오네요. Can I have ~?은 '내가 ~을 가져도 될까?'란 뜻이므로 "당신의 이름을 가져도 될까요?" 즉, 이름을 묻는 표현입니다. "What is your name?(당신의 이름이 무엇입니까?)"이라고 묻기도 하지만, 다소 직설적으로 들리기 때문에 좀 더 부드러운 표현을 쓰는 게 좋겠죠?

요즘 영어를 배우고 있어요. 어렵지만 즐거워요.
I am learning English these days. It's so difficult, but fun.
아이 앰 러닝 잉글리쉬 디th즈z 데이즈 이츠 쏘 디피f컬트 버트 펀f

learn은 '배우다'란 뜻인데요, 여기에 -ing가 붙어 learning이 되었습니다. 내가 어떤 행동을 하고 있을 때는 I am -ing의 형태로 말하면 됩니다.

당신은 어느 나라에서 왔나요?
Where du you come from?
웨얼 두 유 컴 프f롬

언제(when), 어디서(where), 무엇을(what), 어떻게(how), 왜(why) 등을 물을 때는 맨 앞에 의문사를 붙이면 됩니다. 자주 활용할 수 있는 표현이니 입에 붙도록 연습해 두세요.

조금 천천히 말씀해 주시겠어요?
Speak more slowly, please.
스피크 모얼 슬로울리 플리즈z

영어 초보자들에게 아주 유용한 표현입니다. 외국인들은 영어를 아주 빨리, 단어 사이를 이어서 발음해 버립니다. 그러면 알아듣기가 정말 어렵죠. 이럴 때 천천히 말해 달라고 하면 또박또박 말해 주겠죠. 그럼 훨씬 듣기가 수월할 거예요.

다시 한 번 말씀해 주시겠어요?
Can you say that again?
캔 유 쎄이 댓th 어겐

천천히 말해 줬는데도 알아듣기 어려울 땐? 다시 한 번 말해 달라고 해야겠죠? 역시 자주 사용할 수 있는 표현이니 꼭 알아 두세요.

아직 잘 이해를 못하겠네요. 더 열심히 영어를 공부해야겠어요.
I can't understand you yet. I should study English harder.
아이 캔트 언덜스탠드 유 예트 아이 슈드 스터디 잉글리쉬 할더

그래도 이해가 안 된다면 그냥 솔직하게 이야기하세요. can't는 '~할 수 없다'란 뜻이고, should는 '~해야 한다'란 뜻입니다. 그래서 can't understand는 '이해할 수 없다', should study는 '공부해야 한다'란 뜻이 되는 거죠.

어쨌든 한국에서 즐거운 시간 보내길 바랄게요.
Anyway, I want you to have a good time in Korea.
애니웨이 아이 원트 유 투 해브v 어 굿 타임 인 코뤼아

대화가 잘 통하지 않았더라도 마지막 인사를 하며 유쾌하게 대화를 마무리할 수 있습니다. 오늘 배운 문장들을 씨디를 들으며 여러 번 따라 읽고, 새로 만난 단어들을 외워 보세요.

오늘의 단어

동작 단어

부르다 call [컬]
가지다 have [해브v]
배우다 learn [런]
말하다 speak [스피크]
말하다 say [쎄이]
이해하다 understand [언덜스탠드]
공부하다 study [스터디]
오다 come [컴]
~할 수 있다 can [캔]
~할 수 없다 can't [캔트]
~해야 한다 should [슈드]

이름 단어

이름 name [네임]
영어 English [잉글리쉬]
시간 time [타임]
요즘 these days [디th즈z 데이즈]

꾸미는 단어

어려운 difficult [디피f컬트]
재밌는 fun [펀f]
열심히 hard [할드]
좋은 good [굿]
천천히 slowly [슬로울리]

그 밖의 단어

그냥 just [져스트]
너무 so [쏘]
하지만 but [벗]
더욱 more [모얼]
다시 again [어겐]
아직 yet [옛]
어쨌든 anyway [애니웨이]
어디 where [웨얼]
~로부터 from [프f롬]

Day 42
한국에서 외국인에게 길 알려 주기

track 42-1

길을 못 찾아 두리번거리고 있는 외국인을 만나면 용기를 내서 길을 가리켜줘 보세요. 외국인들이 보기에 우리나라 사람들이 무표정에 무뚝뚝하게 보인다고 하는데, 아주 친절한 인상을 주어 민간 외교관의 역할을 톡톡히 하실 수 있을 거예요. 길을 가리켜 줄 때 필요한 표현들을 연습해 보세요.

도움이 필요하세요?
Do you need a help?
두 유 니드 어 헬프

상대방에게 물어볼 때는 '두유(Do you ~?)'부터 떠올리세요. 상대방의 상태에 대해 물어볼 때는 '알유(Are you ~?)'를 떠올리시고요. "Are you okay?(당신 괜찮으세요?)"처럼요. 여기서는 상태가 아니라 필요한 동작에 대해 묻는 것이기 때문에 'Do you need ~?'를 활용하면 됩니다.

영어 실력은 부족하지만 도와드리고 싶어요.
My English is not good, but I want to help you.
마이 잉글리쉬 이즈z 낫 굿 벗 아이 원 투 헬프 유

먼저 도움을 주려고 하니 외국인이 영어를 아주 잘한다고 오해할 수도 있겠죠? 그럼 영어를 너무 빨리 말할 수도 있고, 여러분이 유창하게 말을 못하면 의아해할 수도 있으니 위와 같이 양해를 구해 보세요. 어려운 부분은 없지요?

4. 영어 수다쟁이가 되기 위한 상황별 표현

이쪽으로 100미터쯤 쭉 가세요.
Go straight this way about 100 meters.
고우 스트레잇 디th스 웨이 어바우트 원헌드뤠드 미러스

'~하세요'라고 할 땐 그냥 행동을 뜻하는 단어를 처음에 말하면 됩니다. "Go!(가세요!)", "Stop!(멈추세요!)"처럼요. 그리고 뒤에 자세한 사항을 덧붙이면 됩니다. about은 '~에 대해서'란 뜻인데, '대략, 약'이란 뜻도 있답니다.

왼쪽으로 꺾으세요. / 오른쪽으로 꺾으세요.
Turn left. / Turn right.
턴 레프t / 턴 롸이트

횡단보도를 건너세요.
Cross at the crosswalk.
크로스 앳 더 크로스워크

계속해서 행동을 나타내는 단어를 맨 앞에 써서 무엇을 하라는 표현을 알아보았습니다. 길을 가리켜 줄 때는 '왼쪽(left)', '오른쪽(right)', '횡단보도(crosswalk)' 등의 단어들을 알아 두면 좋겠죠?

그럼 오른쪽에 그것이 보일 거예요.
Then you can see it on your right.
덴th 유 캔 씨 잇 언 유얼 롸이트

길을 알려 줄 때 우리는 '~이 거기에 있을 거예요'란 식으로 말하는데, 영어식으로는 '당신이 ~을 볼 수 있을 거예요'란 식으로 말하는

경우가 많습니다. '보다'라는 뜻의 see 대신에 '발견하다'란 뜻의 find 를 쓰기도 합니다.

행운을 빌어요!
Good luck!
굿 럭

good은 '좋은', luck은 '운'이란 뜻으로 행운을 빈다는 표현입니다.

오늘의 단어

 track 42-2

동작 단어

필요하다 need [니드]
돕다 help [헬프]
원하다 want [원트]
꺾다, 돌다 turn [턴]
건너다 cross [크로스]
보다 see [씨]
묻다 ask [애스크]

이름 단어

왼쪽 left [레프f트]
오른쪽 right [롸이트]
도움 help [헬프]
길 way [웨이]

행운 luck [럭]
횡단보도 crosswalk [크로스워크]

꾸미는 단어

좋지 않은 not good [낫 굿]
좋은 good [굿]
왼쪽인, 왼쪽으로 left [레프f트]
오른쪽인, 오른쪽으로 right [롸이트]
곧장, 쭉 straight [스트레이트]

그 밖의 단어

약, 대략 about [어바우트]
그러면 then [덴th]

Day 43

 track 43-1

손주와 영어로 대화하기

외국에 살아서 영어밖에 못하는 손주나 한국에서 영어를 공부하고 있는 손주에게 영어로 말을 걸어 보세요. 함께 배우고 있다는 공통점을 갖고 대화를 나누면 좀 더 친밀감을 느낄 수 있지 않을까요?

영어 좋아하니?
Do you like English?
두 유 라이크 잉글리쉬

물어볼 땐 '두유'부터 시작하자고 했죠? 일단 영어를 좋아하는지 물어보는 것으로 대화를 시작해 보세요.

나도 요즘 영어 공부를 하고 있단다.
I am studying English these days, too.
아이 앰 스터딩 잉글리쉬 디th즈z 데이즈 투

studying은 '공부하다'란 뜻의 study에 -ing가 붙은 것이에요. 지금 현재 하고 있는 것에 대해 말할 땐 'I am -ing' 형태를 활용하면 된답니다. "I am reading a book.(난 책을 읽고 있다.)", "I am watching a movie.(난 영화를 보고 있다.)"처럼요.

어렵지만 기쁘단다.
It's so difficult, but I'm very happy.
이츠 쏘 디피f컬트 버트 아임 붸v뤼 해피

영어가 어렵다는 걸 이야기하면 손주도 공감하면서 더욱 마음을 열 것 같아요. '영어 공부를 하고 있다'는 상황을 가리킬 땐 '그것'이란 뜻의 it을 쓰면 됩니다.

취미가 뭐니?
What is your hobby?
왓 이즈z 유얼 하비

what은 '무엇'이란 뜻의 의문사입니다. 아주 유용하게 쓸 수 있는 표현이니 잘 기억해 두세요. "What is this?(이것은 무엇입니까?)", "What is that?(저것은 무엇입니까?)" 등을 함께 연습해 두세요.

내 취미는 하이킹이란다.
My hobby is hiking.
마이 하비 이즈z 하이킹

'My ○○ is ~'도 자주 쓸 수 있는 표현입니다. 앞서 "My English is not good.(내 영어 실력은 좋지 않아.)"도 마찬가지 형태지요? "My dog is very cute.(내 개는 아주 귀여워요.)", "My wife is beautiful.(우리 부인은 아름다워요.)"처럼요.

네 꿈은 뭐니?
What is your dream?
왓 이즈z 유얼 드림

난 우리 가족이 항상 행복하길 바란단다.
I hope my family is always happy.
아이 호프 마이 패f밀리 이즈z 얼웨이즈z 해피

hope로 바라는 것을 말할 수 있습니다. 'I hope ~' 다음에 바라는 것을 말하면 됩니다. 어렵지 않지요?

오늘의 단어

 track 43-2

동작 단어
공부하다 study [스터디]
바라다 hope [호프]

이름 단어
취미 hobby [하비]
하이킹 hiking [하이킹]
꿈 dream [드림]
가족 family [패f밀리]

꾸미는 단어
어려운 difficult [디피f컬트]
행복한 happy [해피]
매우, 너무 so [쏘]
매우 very [붸v뤼]

그 밖의 단어
역시 too [투]
무엇 what [왓]
항상 always [얼웨이즈z]

Day 44

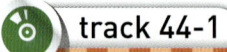

배우자와 영어로 대화하기

혹시 배우자와 대화가 부족하진 않으신가요? 굳이 말하지 않아도 서로의 마음을 아는 사이이기 때문에 대화가 필요하지 않으신가요? 오늘은 한번 영어로 말을 걸어 보세요. 배우자가 아니라 연인에게도 쓸 수 있는 표현들을 알아보겠습니다.

항상 내 곁에 있어 주어서 고마워요.
Thank you for always being with me.
땡th큐 폴f 얼웨이즈z 빙 위드th 미

고마움을 표현할 때는 'Thank you for -ing' 형태를 자주 사용합니다. be는 '~이다'란 뜻도 있지만 여기선 '~에 있다'란 뜻으로 쓰였습니다. with는 '~와 함께'란 뜻이고요. 그래서 'being with me'는 '나와 함께 있어 주는 것'이란 뜻이 되고, "항상 나와 함께 있어 주는 것이 고마워요."란 뜻이 된 것입니다.

당신에게 잘해 주지 못해 미안해요.
I'm so sorry for not being good to you.
아임 쏘 쏘뤼 폴f 낫 빙 굿 투 유

미안함을 표현할 때는 'I'm so sorry for -ing' 형태를 자주 사용합니다. 여기서도 be가 쓰였는데요, 'be good to ~'는 '~에게 잘하다'란 뜻입니다. 'not being good to you'는 '당신에게 잘해 주지 못한 것'이란 의미이고요.

내겐 당신이 최고예요.
You are the best to me.
유 알 더th 베스트 투 미

the best는 '최고'란 뜻입니다. 어렵지 않지요?

앞으로 더 사랑할게요.
I will love you more from now on.
아이 윌 러브v 유 모얼 프f롬 나우 언

'~할 것이다'라고 할 땐 will을 떠올리세요. "I love you."는 "당신을 사랑합니다."란 뜻이고, "I will love you."는 "당신을 사랑할 거예요."란 뜻입니다. 'from now on'은 '지금부터'란 뜻이고요.

당신도 영어 공부해 봐요.
Why don't you study English?
와이 돈트 유 스터디 잉글리쉬

상대방에게 무언가를 해보라고 권유할 때는 'Why don't you ~?'를 쓰는데, 단어 그대로 해석하면 '당신 왜 ~하지 않나요?'이지만 '~해 보는 게 어때요?'라고 해석하는 것이 자연스럽습니다.

함께 해외여행 갑시다.
Let's go on a trip overseas.
레츠 고우 언 어 트륍 오벌v씨스

Day 44 - 배우자와 영어로 대화하기

상대방에게 함께 무언가를 하자고 할 때는 'Let's ~'를 활용해 보세요. "Let's go.(함께 가자.)", "Let's sing.(함께 노래하자.)", "Let's dance.(함께 춤을 추자.)" 등으로 쉽게 활용하여 쓸 수 있습니다. 'go on a trip'은 '여행을 가다'란 표현입니다.

다음 생에도 당신을 만나고 싶어요.
I want to meet you in my next life, too.
아이 원 투 미트 유 인 마이 넥스트 라이프f 투

무언가를 원할 때는 want죠? 'I want to ~' 형식을 활용하면 된답니다. '역시, ~도'는 문장의 끝에 쉼표를 찍은 뒤 too를 붙여 주면 됩니다.

오늘의 단어

 track 44-2

동작 단어

~에 있다 be [비]
가다 go [고우]
만나다 meet [미트]
~할 것이다 will [윌]
~하는 게 어때? Why don't you ~? [와이 돈트 유]
~하자 Let's ~ [레츠]

이름 단어

최고 the best [더th 베스트]

여행 trip [트륍]
인생 life [라이프f]

그 밖의 단어

~와 함께 with [위드th]
~에게 to [투]
지금부터 from now on [프f롬 나우 언]
해외로 overseas [오벌v씨스]
~(안)에 in [인]
다음의 next [넥스트]

224 4. 영어 수다쟁이가 되기 위한 상황별 표현

Day 45

track 45-1

기내에서 입국 심사서 쓰기

비행기를 타고 해외여행을 갈 때 가장 곤혹스러운 것이 도착 얼마 전에 입국신고서를 작성하는 일일 것입니다. 온통 영어로 되어 있는 서류에 영어로 인적사항 등을 써넣어야 하기 때문이죠. 우리나라 항공기를 이용한 경우엔 승무원이 도와주지만 미리 준비해 두면 좋을 것 같아요.

성　Last name　래스트 네임
이름　First names　퓔f스트 네임스
항공편　Flight number　플f라이트 넘벌
여권 번호　Passport number　패스폴트 넘벌
출발 국가　Country of first departure　컨트뤼 어브v 퓔f스트 디팔쳘
머물 국가　Country of residence　컨트뤼 어브v 뤠지던스
여행 목적　purpose of travel　펄포우즈 어브v 트뤠블v

보통 입국신고서(immigration card)에 쓰는 항목들입니다. '성'은 Family name 또는 surname이라고 하기도 합니다. 조금씩 양식은 다르지만 위와 같은 것들을 기본적으로 쓴다는 것을 알고 있으면 좀 더 이해하기가 쉬울 것입니다.

펜 좀 빌릴 수 있을까요?
Can I borrow a pen?
캔 아이 바로우 어 펜

기내에서 펜이 없으면 승무원에게 펜을 빌려 달라고 하면 됩니다. 여기서도 '제가 ~할 수 있을까요?'란 뜻의 'Can I ~?'를 사용했습니다. 정말 유용하게 쓰이는 표현이지요? '빌리다'란 단어는 borrow입니다.

여기에 무엇을 적어야 하나요?
Should I write here?
슈드 아이 롸이트 히얼

입국신고서는 나라마다 항공편마다 조금씩 다릅니다. 사전을 이용할 수 있다면 찾아보면 되겠지만 그렇지 못한 경우엔 승무원에게 물어보면 됩니다. should는 '~해야 한다'란 뜻을 가진 단어입니다. "I should write."라고 하면 "난 써야 한다."란 뜻인데, "내가 써야 합니까?"라고 질문하려면 should가 앞으로 나와서 "Should I write?"이라고 하면 됩니다. 그리고 "무엇을 써야 합니까?"라고 하려면 맨 앞에 what을 붙이면 되고요.

한 장 더 주시겠어요?
Give me one more, please.
기브v 미 원 모얼 플리즈z

입국신고서를 작성하다가 잘못 쓴 경우 새로운 입국신고서를 요청하면 됩니다. one more은 '한 개 더'란 뜻입니다. '두 개 더'는 무엇일까요? two more이겠지요?

제 입국신고서 좀 확인해 주시겠어요?
Can you check my card?
캔 유 체크 마이 칼드

입국신고서를 다 작성했는데 맞게 썼는지 확인하고 싶다면 승무원에게 부탁해 보세요. 상대방에게 부탁할 때는? '당신 ~해 줄 수 있나요?'란 뜻의 'Can you ~?'를 떠올리세요. '확인하다'는 단어는 check 입니다.

오늘의 단어

동작 단어

빌리다 borrow [바로우]
쓰다 write [롸이트]
주다 give [기브v]
확인하다 check [체크]
~해야 하다 should [슈드]

이름 단어

이름 name [네임]
비행기 flight [플f라이트]
번호 number [넘벌]
여권 passport [패스폴트]
나라 country [컨트뤼]
출발 departure [디팔쳘]

거주지 residence [뤠지던스]
목적 purpose [펄포우즈]
여행 travel [트뤠블v]
입국신고서 immigration card [이미그레이션 칼드]
펜 pen [펜]

꾸미는 단어

마지막의 last [래스트]
처음의 first [필f스트]

그 밖의 단어

여기 here [히얼]
하나 더 one more [원 모얼]

Day 46

track 46-1

입국 심사대 통과하기

오랜 비행 후 드디어 여행 국가에 도착했습니다. 다른 나라에 입국할 때는 입국 심사대를 통과해야 합니다. 입국 심사대는 immigration desk이고, '이머그뤠이션 데스크'라고 읽습니다. 입국심사는 자신의 나라에 들어와도 안전한 사람인지 심사하는 것으로 대개 자국민과 외국인의 줄이 따로 있습니다. foreigner(외국인)이라고 쓰인 곳에 줄을 서고, 질문에 대답해 보세요. 위험한 것을 지니고 있지 않고, 불법 체류를 하지 않는다는 것을 피력하면 됩니다.

이 줄이 외국인 전용인가요?
Is this line for foreigners?
이즈z 디th스 라인 폴f 포f뤼널스

외국인 전용 줄이 맞는지 물어보는 것이 확실하겠죠? '이 줄'은 this line입니다. '저 줄'은 무엇일까요? that line이겠죠. 여기서 for은 '~을 위한'이란 뜻이고 foreigner는 '외국인'이란 뜻입니다. 외국인 전용 줄에 잘 서 있는데, 만약 누군가가 위와 같이 물어본다면 뭐라고 대답하시면 될까요? "Yes, this line is for foreigners.(네, 이 줄은 외국인 전용입니다.)" 또는 간단히 "Yes, it is.(네, 그렇습니다.)"라고 하시면 됩니다.

여권 보여 주세요.
Your passport, please.
유얼 패스폴트 플리스z

해외여행을 할 때 꼭 필요한 것이 바로 여권, passport입니다. 입국 시 여권에 해당 국가의 도장을 찍어 주기 때문에 여권만 보면 그 사람이 어느 나라들을 다녔는지 알 수 있습니다. 비자(visa)의 경우 필요한 나라가 있고 그렇지 않은 나라가 있으니 출국 전 미리 알아보고 준비해야 합니다.

방문 목적이 무엇인가요?
What is the purpose of your visit?
왓 이즈z 더th 펄퍼스 어브v 유얼 비v지z트

입국심사 시 주로 묻는 질문이 방문 목적입니다. 해당 국가에 피해를 줄 목적으로 방문하는 사람을 제한하기 위해서입니다. '목적'은 purpose이고, '방문'은 visit입니다. of는 '~의'란 뜻인데요, 우리말과 순서가 반대이니 주의해서 보세요. '방문의 목적'이 the purpose of your visit입니다.

관광을 위해 여행 중이에요.
I am traveling for sightseeing.
아이 앰 트뤠블v링 폴f 사이트씨잉

'~하고 있는 중이다'라고 표현하고 싶을 땐 'I am -ing' 형태를 떠올리세요. '여행하다'란 뜻의 travel을 넣으면 '여행 중이다'란 뜻이 되는 겁니다. sightseeing은 '관광'이란 뜻입니다. sight는 '경관', seeing은 '보기'란 뜻이거든요.

여기서 얼마나 머물 예정인가요?
How long are you going to stay here?
하우 롱 알 유 고잉 투 스테이 히얼

불법 체류는 나라마다 문제가 되기 때문에 얼마 동안 머물 예정인지도 자주 묻습니다. '얼마 동안', 즉 '얼마나 길게'에 대해 물으려면 how long을 떠올리세요. 그리고 '~할 예정이다'는 'be(is, am, are) going to ~' 형으로 표현합니다. "당신은 여기에 머물 예정입니다."를 영어로 어떻게 할까요? "You are going to stay here."라고 하면 되겠죠. 이를 질문 형식으로 바꾸면 are이 맨 앞으로 와서 "Are you going to stay here?"이 됩니다. 여기에 how long만 붙이면 기간을 물을 수 있답니다.

2주 정도요.
About two weeks.
어바우트 투 윅스

about는 '~에 대해'란 뜻도 있지만 '약, 대략'이란 뜻으로도 쓰입니다. week은 '주'라는 뜻이고요. '1주일'이면 one week이고 '3일'이면 three days, 1달이면 one month입니다. day, week, month만 알면 쉽게 표현할 수 있겠지요?

어디에서 머물 건가요?
Where are you staying?
웨얼 알 유 스테잉

보다 확실히 신변을 확인하기 위해 어디에서 머물 건지 묻기도 합니다. 호텔을 예약했다면 호텔 이름을 말하면 되고, 친구 집이라면 "At my friend's house."라고 하면 됩니다.

오늘의 단어

 track 46-2

동작 단어

여행하다 travel [트뤠블v]
머물다 stay [스테이]

이름 단어

입국심사대 immigration desk [이미그레이션 데스크]
외국인 foreigner [포f뤼널]
줄 line [라인]

여권 passport [패스폴트]
목적 purpose [펄포우즈]
방문 visit [비v지z트]
관광 sightseeing [사이트씨잉]
주 week [윅]

그 밖의 단어

얼마나 오래 how long [하우 롱]
대략 about [어바우트]

Day 47

track 47-1

수하물 찾기와 세관 통과하기

비행기를 탈 때 기내에 반입할 수 없는 짐들은 따로 모아 짐칸에 넣어 이동합니다. 착륙 후 입국심사를 하고 타고 온 항공편 이름이 써진 컨베이어 벨트를 찾아가 찾으면 됩니다. 비슷한 가방이 많을 수 있으므로 미리 이름표 등을 붙여 놓으면 찾는 데 도움이 되겠지요?

어디에서 수하물을 찾을 수 있을까요?
Where can I pick up my baggage?
웨얼 캔 아이 픽 업 마이 배기쥐

'수하물, 짐'은 baggage입니다. 커다란 컨베이어 벨트에 수많은 짐들이 돌고 도는데, 여기서 자신의 짐을 골라서 집어 들어야 하므로 '찾다, 집어 들다'란 뜻의 pick up을 사용합니다. '제가 어디서 ~할 수 있을까요?'라고 하고 싶을 땐? Where can I ~?로 시작해야겠지요?

제 짐을 찾을 수가 없어요.
I can't find my baggage.
아이 캔트 파f인드 마이 배기쥐

짐을 찾기 어렵다면 수하물 센터(baggage claim counter)에 가서 신고를 하면 됩니다. '~할 수 없어요'라고 하고 싶을 땐 I can't ~로 시작하고요, '발견하다'란 뜻의 find를 붙이면 발견할 수가 없다는 말이 되겠죠. 수하물 센터가 어디인지 묻고 싶으면 "Where is the baggage claim counter?"이라고 하면 됩니다. '웨얼 이즈 더 배기쥐 클레임 카운털?'이라고 발음하고요.

제 수하물 표예요.
This is my baggage claim tag.
디th스 이즈z 마이 배기쥐 클레임 태그

수하물 센터에 가서 신고를 하려면 수하물 표를 제시해야 합니다. 수하물 표는 baggage claim tag라고 하는데, claim은 '권리'라는 뜻이고 tag는 '꼬리표'란 뜻입니다.

제 짐은 큰 검정색 캐리어예요.
My baggage is a big and black carrier.
마이 배기쥐 이즈z 어 빅 앤 블랙 캐뤼얼

짐을 잘 찾으려면 어떤 색깔이고 어떤 크기인지 자세히 설명해 주는 것이 좋습니다. 색깔을 나타내는 단어들을 이용하고, 크기는 보디랭귀지(body language, 몸짓 언어)로 표현하면 됩니다. "About this size.(이 정도 크기요.)"라고 하면서요. 발음은 '어바웃 디th스 싸이즈z'입니다. 찾으면 받을 주소를 남기고 신고 번호와 수하물 센터 연락처를 받아 두세요. 여행자 보험을 들었다면 분실 시 보상을 받을 수도 있지만 귀중품은 직접 챙기는 것이 좋습니다.

신고할 물건이 있나요?
Do you have anything to declare?
두 유 해브v 애니띵th 투 더클레얼

Day 47 - 수하물 찾기와 세관 통과하기

마지막으로 세관을 통과하면 입국할 수 있습니다. anything은 '무언가'라는 의미인데, 무언가를 갖고 있는지 묻는 것이므로 Do you have ~?로 시작하였습니다. '신고할 무언가'가 있는지 묻는 것인데 '신고하다'란 뜻의 declare를 이용해 anything to declare라고 하면 됩니다. '먹을 무언가'는 뭐라고 하면 될까요? anything to eat입니다. '무언가'란 뜻의 단어로 something도 있는데, 물어볼 때는 anything을 씁니다.

가방 좀 열어 주시겠어요?
Can you open your bag?
캔 유 오픈 유얼 배그

반입 금지 물품은 국가마다 다른데 병원균이나 해충의 위험이 있는 농수산물, 육가공품 등은 거의 까다롭게 봅니다. 가려는 나라가 어떤 기준을 갖고 있는지 미리 알아보고 준비하는 것이 좋습니다. 세관 검사대는 보통 빨간색 라인과 녹색 라인으로 구분되어 있는데 신고할 것이 없다면 녹색 라인에 서면 됩니다. 세관 신고서에도 No를 체크하고요. 간혹 짐을 열어 보여 달라고 하는 경우도 있고, 반입 금지 물품은 압수되거나 보관했다가 나중에 돌려주기도 합니다.

육류는 가져오실 수 없습니다.
You are not allowed to bring meats.
유 알 낫 얼라우드 투 브링 미츠

allow는 '허용하다'란 뜻인데, be allowed의 형태가 되면 '허용되다'란 뜻이 됩니다. 여기에 not이 들어가면 '허용되지 않는다'가 되고요.

bring은 '가져오다'란 뜻인데, to bring은 '가져오는 것'이란 뜻이 됩니다. 그래서 '가져오는 것이 허용되지 않는다'란 뜻이 된 것입니다.

오늘의 단어

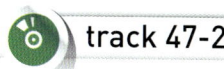 track 47-2

동작 단어

집어 들다 pick up [픽 업]
찾다, 발견하다 find [파f인드]
신고하다 declare [디클레얼]
열다 open [오픈]
허용하다 allow [얼라우]
가져오다 bring [브륑]
~할 수 없다 can't [캔트]

이름 단어

짐, 수하물 baggage [배기쥐]

권리 claim [클레임]
꼬리표 tag [태그]
캐리어 carrier [캐뤼얼]
어떤 것 anything [애니띵th]
가방 bag [백]
고기 meat [미트]

꾸미는 단어

큰 big [빅]
검은 black [블랙]

Day 47 - 수하물 찾기와 세관 통과하기

Day 48 해외여행 중 길 묻기

track 48-1

해외여행을 할 때 가장 중요한 표현은 바로 길을 묻는 것입니다. 아무래도 낯선 곳이기 때문에 헤매기 쉽기 때문입니다. 무작정 찾는 것보다 물어보면서 찾는 것이 훨씬 시간과 수고를 아낄 수 있습니다. 영어 회화 연습도 할 겸 자주 물어보세요.

실례지만, 길 좀 물을게요.
Excuse me, can I ask you something?
익스큐즈z 미 캔 아이 애스크 유 썸띵th

"실례합니다."란 뜻의 "Excuse me."란 표현을 잘 알아 두세요. 외국 사람들은 조금만 부딪힐 뻔하거나 스쳐도 이 표현을 사용합니다. "Thank you.(고맙습니다.)"만큼 습관적으로 자주 쓰는 표현이에요.

관광안내소는 어디인가요?
Where is the tourist information center?
웨얼 이즈z 더th 투어뤼스트 인폴f메이션 세널

무엇이 어디에 있는지 물어볼 때는 "Where is ~" 형식을 활용하면 됩니다. 아주 자주 사용할 표현이니 꼭 알아 두세요. 그리고 관광지에 가면 보통 관광안내소가 있으니 그곳부터 찾아가 여러 정보를 얻은 후 관광을 시작하면 좋겠지요?

근처 지하철역이 어디인가요?

Where is the subway station around here?

웨얼 이즈z 더th 써브웨이 스테이션 어롸운드 히얼

'지하철역'은 subway station이고, 참고로 '버스 정류장'은 bus stop(버스 스탑), '택시 승차장'은 taxi stand(택씨 스탠드), '렌터카 업체'는 car rental agency(칼 렌털 에이젼씨)입니다. around는 '~ 주위에'란 뜻이고 here은 '여기'란 뜻이므로 around here는 '이 근처'란 뜻이 됩니다.

근처에 좋은 식당 있나요?

Is there a good restaurant around here?

이즈z 데th얼 어 굿 뤠스터뤈트 어롸운드 히얼

무엇이 있는지 물어볼 때는 'Is there ~?'을 활용합니다. there은 '거기'란 뜻이고 is는 '~에 있다'란 뜻인데, 'There is ~'은 '~이 있다'란 뜻이 되고, 'Is there ~?'은 '~이 있니?'란 뜻이 되는 것입니다. "You are a student."가 "너는 학생이다."이고 "Are you a student?"가 "너는 학생이니?"인 것과 비슷합니다.

다시 한 번 말씀해 주시겠어요?

Can you tell me one more time?

캔 유 텔 미 원 모얼 타임

잘 못 알아들을 땐 당황하지 마시고 다시 한 번 말해 달라고 하세요. 앞서 한국에서 만난 외국인에게 말 걸기 편에서 배운 "Speak more slowly, please.(좀 더 천천히 말씀해 주세요.)"란 표현을 활용해도 되겠죠?

정말 친절하시네요. 감사합니다.
Very nice, thank you.
붸v뤼 나이스 땡th크 유

nice는 '멋진'이란 뜻으로 많이 알려져 있는데 '친절한'이란 뜻으로도 자주 쓰입니다. 고맙단 말도 꼭 잊지 마세요!

오늘의 단어

 track 48-2

동작 단어

묻다 ask [애스크]
말하다 tell [텔]

이름 단어

무언가 something [썸띵th]
관광안내소 tourist information center
[투어뤼스트 인폴f메이션 세널]
지하철역 subway station
[써브웨이 스테이션]
식당 restaurant [뤠스터뤈트]

그 밖의 단어

어디 where [웨얼]
~ 근처에 around [어롸운드]
여기 here [히얼]
~이 있나요? Is there ~?
[이즈z 데th얼]
한 번 더 one more time
[원 모얼 타임]
친절한 nice [나이스]

Day 49

track 49-1

해외여행 중 호텔 이용하기

여행을 하면서 가장 오랜 시간을 보내는 곳이 호텔이 아닐까 합니다. 예약하는 방법부터 예약 후 체크인하고 체크아웃하는 표현까지 함께 알아보실까요?

실례지만, 체크인하려고 합니다.
Excuse me. I want to check in.
익스큐즈z 미 아이 원 투 체크 인

'체크인(check in)'은 호텔에 처음 가서 등록을 하는 절차를 말합니다.

홍길동으로 예약해 두었어요.
I made a reservation as Gil-dong Hong.
아이 메이드 어 뤠절베v이션 애즈z 길동 홍

호텔은 전화나 호텔 홈페이지 등을 통해 예약을 하는 경우가 많은데요, '예약하다'는 영어로 'make a reservation'입니다. made는 make의 과거형으로 made a reservation은 '예약했다'란 뜻이 됩니다.

2인실 있습니까?
Do you have a double room?
두 유 해브v 어 더블 룸

호텔 방은 여러 형태가 있는데요, '2인실'은 double room입니다. double이 '2개의'란 뜻이고 room이 '방'이란 뜻입니다. 참고로 '1인실'은 single room이고, '1인용 침대 2개가 있는 방'은 twin room입니다.

이 방 주세요.
This room, please.
디th스 룸 플리즈z

방을 정했다면 간단하게 위와 같이 말하면 됩니다. 좀 더 길게 말한다면 "I'd like to have this room, please.(이 방을 쓰면 좋을 것 같아요.)"라고 해도 되고요. '아이드 라이크 투 해브v 디th스 룸 플리즈z'라고 발음합니다.

방 번호가 몇 번이라고요?
Can you tell me the room number again?
캔 유 텔 미 더th 룸 넘벌 어겐

숫자를 영어로 듣기가 생각보다 쉽지가 않아요. 이 표현을 알아 두었다가 방 번호를 정확히 이해해 보세요. 참고로 방 번호를 말할 때 우리와 다른 방식으로 말하기도 하니 유심히 들으셔야 해요. 예를 들어 205호인 경우 'two zero five' 또는 'two O five'라고 하고, 1210호인 경우 'twelve ten'이라고 하는 식입니다.

조식 무료로 이용할 수 있나요?
Do you serve breakfast for free?
두 유 썰브v 브뤡퍼f스트 폴f 프f뤼l

호텔의 묘미는 뭐니 뭐니 해도 조식이겠죠? 호텔비용에 조식이 포함된 경우도 있고 따로 지불해야 하는 경우도 있으니 위와 같이 물어보세요. 그리고 보통 조식은 시간이 정해져 있으니 "When is the breakfast time?(조식 시간은 언제입니까?)"라고 물어본 후 이용하는 것이 좋겠지요.

호텔 명함 하나 주세요.
Please give me your hotel's business card.
플리즈z 기브v 미 유얼 호텔스 비즈z니스 칼드

호텔 카운터에 명함이 비치되어 있으니 하나씩 갖고 계세요. 여행을 하다가 길을 잃으면 명함을 보여 주며 길을 물으면 상대방이 훨씬 정확하게 이해할 수 있을 거예요. 호텔 손님으로서 여러모로 호텔의 도움을 받을 수도 있고요.

체크아웃 할게요.
I want to check out.
아이 원 투 체크 아웃

방을 비워 주는 절차를 '체크아웃(check out)'이라고 합니다. 호텔마다 정해진 시간이 있고, 호텔 직원이 방과 비품 등의 상태를 확인한 후 이상이 없으면 호텔을 나오면 됩니다. 방에 비치되어 있는 것(음료 등) 중 추가 금액을 내야 하는 것들도 있으니 잘 살펴보고 이용해야 합니다.

오늘의 단어

 track 49-2

동작 단어

실례합니다. Excuse me. [익스큐즈z 미]
체크인하다 check in [체크 인]
예약하다 make a reservation [메이크 어 뤠졀베v이션]
갖고 있다 have [해브v]
말하다 tell [텔]
제공하다 serve [썰브v]
체크아웃하다 check out [체크 아웃]

이름 단어

2인실 double room [더블 룸]
번호 number [넘벌]
조식 breakfast [브뤡퍼f스트]
명함 business card [비즈z니스 칼드]

그 밖의 단어

~으로 as [애즈z]
다시 again [어겐]
무료로 for free [폴f 프f뤼]

Day 50

호텔에서 요청하기

호텔에서 생활하면 여러 가지 문의하거나 요청할 일이 생기기 마련입니다. 편하게 휴식을 취해야 하는데 불편함을 참을 수는 없지요? 필요한 표현들을 알아 두었다가 사용해 보세요.

방에서 와이파이 이용할 수 있나요?
Can I use Wi-Fi in my room?
캔 아이 유즈z 와이파f이 인 마이 룸

요즘은 인터넷을 통해 거의 모든 정보를 얻을 수 있습니다. 그런데 데이터를 사용하면 요금이 많이 나오므로 와이파이(Wi-Fi, wireless fidelity), 즉 무선 데이터 전송 시스템을 이용하는 것이 좋습니다. 우리나라에 비해 사용이 어려운 곳이 꽤 있지만, 일단 사용이 가능한지 물어보세요.

에어컨이 작동하지 않아요.
The air conditioner doesn't work.
더th 에얼 컨디셔널 더즌z트 월크

더운데 에어컨이 작동하지 않으면 정말 괴롭겠지요? '에어컨'은 air conditioner이라고 합니다. 일종의 콩글리시로 앞부분만 따서 외래어가 된 것입니다. '~하지 않다'는 do not ~ 또는 does not ~으로 표현할 수 있는데, 에어컨이 1개이므로 does not입니다. work는 '일하다'란 뜻인데 사물에 쓰이면 '작동하다'란 뜻이므로, does not work 는 '작동하지 않다'는 뜻입니다.

따뜻한 물이 나오지 않아요.
There is no hot water.
데th얼 이즈z 노 핫 워러

샤워를 해야 하는데 따뜻한 물이 나오지 않아도 정말 낭패입니다. 이 때는 '~이 없다'는 표현인 There is no ~를 활용하면 됩니다. '따뜻한 물'은 hot water이고요.

화장실에 화장지가 없어요.
There is no toilet paper in the bathroom.
데th얼 이즈z 노 토일릿 페이펄 인 더th 배th룸

'화장지'는 toilet paper입니다. toilet은 '화장실', paper는 '종이'란 뜻이지요. 우리나라에선 두루마리 휴지를 두루두루 사용하지만, 외국에선 화장실에서만 사용하는 경우가 많아요. 식탁에서는 사각형 휴지인 냅킨(napkin) 또는 서비에트(serviette)를 사용합니다.

방 좀 청소해 주시겠어요?
Can you clean my room?
캔 유 클린 마이 룸

보통 호텔은 하루에 한 번 청소를 해주는데 생활을 하다 보면 청소가 필요한 일이 생길 수 있죠? 이럴 때 사용할 수 있는 표현입니다.

만약 외출한 사이에 청소해 주는 것을 원치 않으면 객실 내에 있는 'Don't disturb(방해하지 마세요)' 팻말을 바깥쪽 손잡이에 걸어 두면 됩니다.

세탁 서비스를 제공하나요?
Do you provide laundry service?
두 유 프롸바v이드 런더뤼 썰비v쓰

장기간 여행을 할 때는 세탁도 일입니다. 호텔에서는 저렴하진 않지만 세탁 서비스를 제공하고, 배낭여행자들이 주로 이용하는 호스텔(hostel)이나 백패커즈 하우스(backpacker's house)에서는 좀 더 저렴하게, 때론 무료로 세탁 서비스를 이용할 수 있습니다. '제공하다'란 뜻의 provide를 활용한 'Do you provide ~?' 형식으로 세탁 외에도 다양한 서비스를 제공하는지 물어볼 수 있답니다.

방 열쇠를 잃어버렸어요.
I lost my room key.
아이 러스트 마이 룸 키

'잃어버리다'는 lose인데, '잃어버렸다'라고 과거형으로 말하고 싶으면 lost라고 하면 됩니다. 요즘은 카드 형태로 된 것들도 많은데, 열쇠나 카드를 잃어버리면 배상을 해야 할 수도 있으니 주의하세요. 호텔은 문을 닫으면 자동으로 잠기는 경우도 많은데 이때는 프런트데스크에 가서 "I left my key in the room.(방 안에 열쇠를 두고 왔어요.)"라고 하면 됩니다. '아이 레프f트 마이 키 인 더th 룸'이라고 발음합니다.

오늘의 단어

 track 50-2

동작 단어

이용하다 use [유즈z]
작동하다 work [월크]
청소하다 clean [클린]
제공하다 provide [프롸바v이드]
잃어버리다 lose [루즈z]
잃어버렸다 lost [러스트]
~하지 않다 don't/doesn't [돈트/더즌z트]
~이 있다 There is ~ [데th얼 이즈z]
~이 없다 There is no ~ [데th얼 이즈z 노]

이름 단어

와이파이 Wi-Fi [와이파f이]
방 room [룸]
에어컨 air conditioner [에얼 컨디셔너]
물 water [워러]
화장지 toilet paper [토일릿 패이펄]
화장실 bathroom [배ㅍth룸]
세탁 laundry [런더뤼]
서비스 service [썰비v스]
열쇠 key [키]

꾸미는 단어

따뜻한 hot [핫]

Day 51

track 51-1

해외여행 중 음식 주문하기

'금강산도 식후경이다', '먹는 게 남는 거다'란 말이 있지요? 여행에서 새로운 음식을 먹어 보는 경험은 무엇보다 즐거운 일입니다. 여행서나 인터넷을 통해 미리 맛집을 알아 두거나 앞서 배운 "Is there a good restaurant around here?(근처에 좋은 식당 있나요?)"로 물어보며 맛집을 찾아서 즐겨 보세요!

잠시 메뉴 보고 부를게요.
I want to see the menu for a moment. I will order later.
아이 원 투 씨 더th 메뉴 폴f 어 모멘트   아이 윌 오덜 래이럴

아무래도 우리말로 쓰인 메뉴판이 아니다 보니 음식을 고르는 데 시간이 좀 걸릴 거예요. 이럴 때 쓸 수 있는 표현입니다. '주문하다'는 order입니다.

뭐 좀 추천해 주시겠어요?
Can you recommend something?
캔 유 뤠커멘드 썸띵th

메뉴를 봐도 어떤 걸 먹어야 할지 모르겠다면 직원에게 추천해 달라고 하는 것도 좋은 방법이에요. '추천하다'는 recommend입니다. 만약 알러지가 있거나 먹고 싶지 않은 것이 있다면 "Without ~, please."라고 하면 됩니다. "Without peanuts, please.(땅콩은 빼 주세요.)"처럼요. '위다th웃 피너츠 플리즈z'로 발음합니다. 본인이 꺼

리는 음식은 영어로 꼭 알아 두세요.

이것과 이것 먹을게요.
I will have this and this.
아이 윌 해브v 디th스 앤 디th스

have는 '가지다, 갖고 있다'란 뜻도 있지만, '먹다'란 뜻으로도 자주 사용됩니다. 메뉴의 이름들도 낯설어서 읽기 어려운 것이 많을 텐데요, 이럴 땐 '이것'이란 뜻의 this를 쓰며 손가락으로 가리키면 됩니다. 또는 메뉴 앞에 번호가 적혀 있는 경우도 있으니 해당 번호를 말해도 되고요.

남은 것 싸주실 수 있나요?
Can I have a doggy bag?
캔 아이 해브v 어 더기 백

영어로 '남은 것을 싼 봉지'를 doggy bag이라고 합니다. dog는 '개'란 뜻인데, 개에게 주기 위해 싸가는 것뿐 아니라 사람이 먹는 음식도 모두 doggy bag이라고 합니다. 이런 문화가 우리나라에 비해 보편적인 편이니 음식이 남았다면 꼭 싸달라고 해보세요!

화장실은 어디인가요?
Where is the restroom?
웨얼 이즈z 더th 뤠스트룸

화장실이 급할 때 정말 유용한 표현이죠? '화장실'을 뜻하는 단어는 여러 가지가 있는데요, restroom은 주로 공공장소에 있는 화장실을 가리키고, 집이나 호텔 등에 있는 화장실은 bathroom이라고 합니다. rest는 '휴식'이란 뜻으로 간단히 화장을 고치는 등의 시설이 마련된 화장실이고, bath는 '목욕'이란 뜻으로 욕조까지 있는 화장실입니다.

계산서 주세요.
Check, please.
체크 플리즈z

'계산서'는 check입니다. bill이란 표현도 있고요. 위와 같이 간단하게 말해도 되고, "Can I get the check, please?(계산서 좀 받을 수 있을까요?)"라고 해도 됩니다. '캔 아이 겟 더th 체크 플리즈z'입니다.

오늘의 단어

 track 51-2

동작 단어

보다 see [씨]
주문하다 order [오덜]
추천하다 recommend [뤠커멘드]
먹다 have [해브v]
~할 것이다 will [윌]

이름 단어

메뉴 menu [메뉴]
이것 this [디th스]
남은 음식을 싸 가는 봉지 doggy bag [더기 백]
화장실 restroom [뤠스트 룸]

그 밖의 단어

잠시 동안 for a moment [폴f 어 모멘트]
잠시 후에 later [레이럴]

Day 52

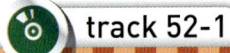 track 52-1

해외여행 중 쇼핑하기

현지에서 더 싼 가격에 살 수 있는 물건이나 그곳만의 전통적인 물건을 사는 것도 여행의 큰 즐거움입니다. 물론 갑자기 필요한 물건들을 살 때도 있고요. 이럴 때 활용할 수 있는 표현들을 알아보겠습니다.

고맙지만, 그냥 좀 둘러볼게요.
Thank you, but I want to just look around.
땡th크 유 벗 아이 원 투 져스트 룩 어롸운드

일단 좀 둘러보고 싶을 때 사용할 수 있는 표현입니다. '둘러보다'란 표현은 look around입니다. 이럴 때도 습관적으로 "Thank you."로 시작하는 것이 좋습니다.

편한 운동화를 찾고 있어요.
I am looking for comfortable sneakers.
아이 앰 루킹 폴f 컴펄f터블 스니컬스

특별히 찾는 것이 있다면 'I am looking for ~'으로 이야기해 보세요. look은 '보다'라는 뜻이고 for은 '~을 위해'란 뜻인데, 둘이 합쳐지면 '찾다'라는 뜻이 됩니다.

이것 착용해 봐도 되나요?
Can I try this on?
캔 아이 트롸이 디th스 언

옷을 입어 보고 싶거나 선글라스를 껴 보고 싶거나 모자를 써 보고 싶거나 모두 try this on이라고 하면 됩니다. try는 '노력하다'란 뜻도 있지만 '시도하다'란 뜻이 있는데요, '~위에, ~의 표면에'란 뜻의 on과 만나면 '착용해 보다'란 뜻이 됩니다.

더 큰 거 있나요? / 더 작은 거 있나요?
Do you have a bigger one? / Do you have a smaller one?
두 유 해브v 어 비걸 원 / 두 유 해브v 어 스몰럴 원

더 크거나 더 작거나 더 길거나 더 짧은 것 등을 나타낼 때는 -er을 붙여 줍니다. big은 '큰'이란 뜻이고 bigger는 '더 큰'이란 뜻입니다. small은 '작은'이란 뜻이고 smaller는 '더 작은'이란 뜻입니다. long(롱)은 '기다란'이란 뜻이고 longer(롱걸)은 '더 기다란'이란 뜻입니다. short(쇼트)는 '짧은'이란 뜻이고 shorter(쇼털)은 '더 짧은'이란 뜻입니다.

이건 얼마인가요?
How much is it?
하우 머취 이즈z 이트

이 표현은 많이 들어 보셨을 거예요. how는 '어떻게'란 뜻도 있지만, '얼마나'란 뜻도 있답니다. much는 '많은'이란 뜻이고요. 그래서 how much는 '얼마나 많이', 즉 '값이 얼마'란 의미입니다.

더 싼 거 있나요?
Do you have a cheaper one?
두 유 해브v 어 취펄 원

조금 더 싼 물건을 원한다면 이렇게 물어보세요. cheap은 '저렴한'이란 뜻이고 cheaper는 '더 저렴한'이란 뜻입니다. 참고로 '비싼'은 expensive(익스펜씨브v)입니다. "It's too expensive for me.(제겐 너무 비싸네요.)"라고 하면 됩니다.

이걸로 살게요.
I will take this.
아이 윌 테이크 디th스

마음에 들어서 구매를 확정하려면 '~을 가져가다'란 뜻의 take를 써서 위와 같이 말하면 된답니다. this는 '이것'이란 뜻인데 만약 여러 개를 산다면 '이것들'이란 뜻의 these를 쓰면 되고요.

적당한 것이 없네요. 다음에 또 올게요. 안녕히 계세요.
There's nothing suitable for me. I will come back later. Bye.
데th얼즈z 낫띵th 수더블 폴f 미   아이 윌 컴 백 래이럴   바이

아무것도 안 산다고 그냥 휙 나오는 것보다 인사를 하고 나오는 게 낫겠죠? nothing은 '아무것도'란 뜻인데 뒤에 '적절한'이란 뜻의 suitable이 붙어서 '적당한 것이 아무것도 없는'이란 뜻이 되었습니다. 이렇게 -thing으로 끝나는 단어는 뒤에서 꾸며 준답니다. something special(특별한 무언가)처럼요.

오늘의 단어

 track 52-2

동작 단어

둘러보다 look around [룩 어롸운드]
~을 찾다 look for [룩 폴f]
착용해 보다 try on [트롸이 언]
얼마큼 how much [하우 머취]
갖고 가다 take [테이크]
돌아오다 come back [컴 백]
~이 있다 there is ~ [데th얼 이즈z]

이름 단어

운동화 sneakers [스니컬스]
것 one [원]

꾸미는 단어

편한 comfortable [컴펄f터블]
더 큰 bigger [비걸]
더 작은 smaller [스몰럴]
더 싼 cheaper [취펄]
적당한 suitable [수더블]

그 밖의 단어

그냥 just [져스트]
~을 위해 for [폴f]

Day 52 – 해외여행 중 쇼핑하기

Day 53

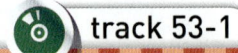

해외여행 중 물건을 잃어버렸을 때

많은 짐을 갖고 여행을 다니다 보면 물건을 잃어버리기도 하고, 관광객이 많은 관광지에서는 소매치기를 당하기도 합니다. 당황스러워서 영어가 더 잘 안 떠오를 수도 있겠죠? 이럴 때 필요한 영어 표현들을 연습해 보세요.

메이시스 백화점에서 누가 내 지갑을 훔쳐갔어요.
Someone stole my wallet in Macy's department store.
썸원 스톨 마이 왈리트 인 메이씨스 디팔트먼트 스토얼

'훔치다'는 steal로 '스티일'이라고 발음합니다. '훔쳤다'라고 과거형으로 말하고 싶으면 stole이라고 하면 됩니다. '지갑'은 wallet이고, '백화점'은 department store입니다.

경찰을 불러 주세요.
Call the police, please.
컬 더th 폴리스 플리즈z

call은 '전화하다'란 뜻도 있고, '부르다'란 뜻도 있습니다. 경찰을 부를 때 보통 전화로 신고해서 부르니 두 가지 뜻이 모두 어울리네요. 어렵지 않지요?

제 여권을 잃어버렸어요.
I lost my passport.
아이 러스트 마이 패스폴트

'여권'은 여행을 하는 권리를 나타내는 증명으로 passport라고 합니다. 해외여행 중 여권은 신분증과 같습니다. 따라서 항상 잘 보관해야 합니다. '잃어버렸다'는 lost입니다.

지하철에 두고 내렸어요.
I left it in the subway.
아이 레프f트 잇 인 더th 써브웨이

'~을 두고 떠나다'는 leave(리브v)인데요, 과거형으로 '~을 두고 떠났다'라고 하고 싶을 땐 left라고 하면 됩니다. it은 '그것'이란 뜻으로 상대방이 무엇인지 알고 있을 땐 이렇게 쓰면 되겠죠? 만약 상대방이 모르는 물건이라면 "I left my bag in the subway.(가방을 지하철에 두고 내렸어요.)"라고 하면 됩니다.

경찰서가 어디죠?
Where is the police station?
웨얼 이즈z 더th 폴리스 스테이션

'경찰서'는 police station입니다. station은 버스나 기차의 정류장이나 역을 나타내기도 하지만, 어떤 서비스가 제공되는 장소나 건물을 가리키기도 합니다.

한국 대사관이 어디죠?
Where is the Korean embassy?
웨얼 이즈z 더th 코뤼안 엠버씨

대사관은 대사와 외교사절단이 있는 곳으로 우리나라는 190여 개 수교국에 한국대사관을 두고 있습니다. 외교 및 재외 국민의 보호 등의 업무를 맡고 있어 해외에 있을 때 문제가 생기면 도움을 받을 수 있습니다. 하지만 기본적으로 현지법에 따르기 때문에 유의해야 합니다. 여권을 분실했을 때 역시 대사관에서 재발급 받을 수 있습니다.

항공권을 재발급해 주시겠어요?
Can you reissue the flight ticket?
캔 유 뤼이슈 더th 플f라이트 티켓

'발급하다'는 issue(이슈)인데 '재발급하다'는 reissue입니다. re-는 단어의 앞에 붙어 '다시'란 뜻을 추가하곤 합니다. review(뤼뷰)는 '다시 보다', 즉 '재검토하다, 비평하다'란 뜻입니다. refill(뤼필f)은 '다시 채우다'란 뜻이고, remake(뤼메이크)는 '다시 만들다'란 뜻입니다. view, fill, make의 뜻도 짐작이 되시죠?

오늘의 단어

동작 단어

훔치다 steal [스틸]
훔쳤다 stole [스톨]
부르다, 전화하다 call [컬]
잃어버리다 lose [루즈z]
잃어버렸다 lost [러스트]
두고 가다 leave [리브v]
두고 갔다 left [레프f트]
재발급하다 reissue [뤼이슈]

이름 단어

지갑 wallet [왈리트]
백화점 department store [디팔트먼트 스토얼]
경찰 police [폴리스]
여권 passport [패스폴트]
지하철 subway [써브웨이]
경찰서 police station [폴리스 스테이션]
대사관 embassy [엠버씨]
항공권 flight ticket [플f라이트 티켓]

그 밖의 단어

~안에 in [인]

Day 54

track 54-1

해외여행 중 길을 잃어버렸을 때

낯선 곳을 여행하다 보면 길을 잃기도 합니다. 하지만 너무 걱정하지 마세요. 길을 모르는 채로 걷다 보면 뜻밖의 것을 만나게 되고, 그것이 바로 여행의 재미 아닐까요? 정말로 길을 잃었을 땐 주변 사람에게 물어보거나 호텔을 찾아가면 되죠.

저는 길을 잃었어요.
I am lost.
아이 앰 러스트

lost는 앞서 '잃어버리다'란 뜻의 lose의 과거형으로 만난 적이 있는 단어예요. 그런데 여기서는 '길을 잃은'이란 뜻으로 쓰인 겁니다. 차이가 무엇이냐고요? "I lost my wallet."은 "나는 지갑을 잃어버렸어."로 지갑이 없어진 것이고요, "I am lost."는 "나는 길을 잃었어."로 내가 (알던 길에서) 없어진 것입니다.

이 지도상에서 이곳이 어디인가요?
Where is this place on the map?
웨얼 이즈z 디th스 플레이스 언 더th 맵

지도를 갖고 다니며 길을 찾는 경우에 사용할 수 있는 표현입니다. '지도'는 map이고 '지도상에'는 on the map입니다. on은 어떤 것의 표면을 가리켜 '~ 위에'란 뜻으로 쓰입니다. place는 '장소'란 뜻으로,

nice place(멋진 곳), beautiful place(아름다운 곳) 등 여러 가지로 활용할 수 있는 단어입니다.

택시를 불러 주실 수 있나요?
Can you call a taxi for me?
캔 유 컬 어 택씨 폴f 미

우리나라에서도 길을 잘 모르면 택시를 타고 주소를 대며 가 달라고 하기도 하죠? "Where is a taxi stand?(택시 승강장이 어디죠?)"라고 물어서 찾아가거나 위와 같이 택시를 불러 달라고 부탁하면 됩니다.

이 주소로 가 주세요.
Will you take me to this address?
윌 유 테이크 미 투 디th스 어드뤠스

'~를 데려다주다'는 take입니다. '나를 데려다주다'는 take me죠. '주소'는 address이고, '~에, ~으로'는 to입니다. '이 주소로'는? to this address죠. 만약 호텔로 가길 원한다면 호텔 이름을 말하거나 호텔 명함을 보여 주면 됩니다.

요금이 얼마나 나올까요?
How much does it cost?
하우 머취 더즈z 잇 코우스트

어느 나라든 택시는 버스나 지하철에 비해 비싼 교통수단입니다. 게다가 관광객처럼 보이면 바가지를 쓸 수도 있으니 출발하기 전에 택시 요금을 흥정하는 것이 좋습니다. 얼마인지 물을 땐 일단

how much를 떠올리세요. 그리고 '비용이 들다'란 뜻의 cost를 물어보는 형식인 does it cost를 덧붙이면 됩니다. 참고로 "It costs ten dollars."이면 "그건 10달러가 들어."이고, "Does it cost ten dollars?"이면 "그거 10달러가 드니?"입니다.

가까운 지하철역이 어디죠?
Where is the nearest subway station?
웨얼 이즈z 더th 니얼뤼스트 써브웨이 스테이션

택시 요금이 부담된다면 일단 지하철역을 찾아가세요. 그리고 지하철역을 기준으로 다시 길을 찾으면 됩니다. '가까운'은 near이고, '가장 가까운'은 the nearest입니다.

오늘의 단어

 track 54-2

동작 단어

부르다, 전화하다 call [컬]
~를 데려다주다 take [테이크]
비용이 들다 cost [코우스트]
길을 잃은 lost [러스트]

이름 단어

이곳 this place [디th스 플레이스]
지도 map [맵]
택시 taxi [택씨]
주소 address [어드뤠스]
지하철역 subway station [써브웨이 스테이션]

그 밖의 단어

가장 가까운 the nearest [더th 니얼뤼스트]
~ 위에 on [언]
~을 위해 for [폴f]
얼마나 how much [하우 머취]

Day 55 해외여행 중 아플 때

 track 55-1

우리나라에서도 아프면 힘든데 낯선 곳에서 아프면 더욱 힘들겠지요? 게다가 외국에선 보험 적용도 힘들 테니 비용 부담도 걱정이고요. 장기간 여행을 하시려면 여행 일정 준비뿐 아니라 건강 준비도 철저히 해두세요. 그래도 잠자리가 바뀌고 먹는 음식이 바뀌면 아플 수 있으니 이럴 때 필요한 표현들을 정리해 드리겠습니다.

근처 약국[병원]이 어디인가요?
Where is the drug store[hospital] around here?
웨얼 이즈z 더th 드뤄그 스토얼[하스피를] 어롸운드 히얼

'약'은 drug이고 '파는 곳, 상점'은 store입니다. 그래서 '약국'은 drug store입니다. 또는 pharmacy라고도 하는데, '팔f머씨'라고 발음합니다. '병원'은 hospital이고요.

배가 아파요.
I have a stomachache.
아이 해브v 어 스터머에이크

증상을 말할 때는 어떤 증상을 갖고 있다는 뜻으로 'I have ~'의 형태로 말하면 됩니다. '배, 복부'는 stomach이고 '스터머크'라고 발음합니다. ache는 '아프다'란 뜻으로 신체 부위 뒤에 붙어 그곳의 통증 증세를 가리킵니다. headache는 '두통', toothache는 '치통'인 것처럼요. 각각 '헤드에이크', '투뜨th에이크'로 발음됩니다.

콧물이 나고 열이 나요.
I have a runny nose and high fever.
아이 해브v 어 뤄니 노우즈z 앤 하이 피f벌v

'콧물'은 runny nose라고 합니다. runny는 '흐르는'이란 뜻인데, '달리다'란 뜻의 run에서 파생된 단어입니다. 무언가 흐르는 것은 달리듯 빠르기 때문이죠. '고열'은 high fever입니다. high는 '높은', fever는 '열'이란 뜻입니다.

설사를 해요.
I have diarrhoea.
아이 해브v 다이어뤼어

설사만큼 난감한 증세가 또 있을까요? 여행을 할 때 이런 일이 발생하면 일정을 망치기 때문에 약을 먹고 어서 회복해야겠지요? 약국에 가서 위와 같이 말해 보세요. diarrhoea는 철자와 발음이 어려우므로 철자를 외우려고 하지 말고 '다이어뤼어'란 발음만 알아 두세요. 이 철자는 원어민들도 잘 틀린다고 합니다.

반창고를 찾고 있어요.
I am looking for a bandage.
아이 앰 루킹 폴f 어 밴디쥐

작은 상처가 났을 때는 소독을 하고 지혈한 후 반창고를 붙여 세균 감염을 막아야 합니다. bandage는 '붕대, 밴드'란 뜻입니다. 'I am looking for ~'가 '~을 찾고 있다'란 뜻인 것은 앞서 쇼핑할 때 필요한 표현들에서 배웠죠?

진통제 주세요.

I want a painkiller.

아이 원트 어 패인킬럴

두통이나 생리통 등 통증을 완화해야 하는 증상들을 겪을 땐 진통제가 필요합니다. '진통제'는 painkiller입니다. pain은 '고통', killer는 '죽이는 것, 죽이는 사람'이란 뜻입니다. '고통을 죽이는 것'이니 정말 진통제를 정확히 묘사하는 표현입니다.

멀미약 주세요.

I want a motion sickness pill.

아이 원트 어 모션 씩니스 필

여행을 다니다 보면 버스, 비행기, 기차, 배 등 다양한 교통수단을 이용하게 됩니다. 이럴 때 멀미가 있는 사람은 미리 멀미약을 복용하는 것이 좋습니다. '멀미약'은 motion sickness pill입니다. sickness는 '메스꺼움', pill은 '알약'이란 뜻입니다.

소화제 주세요.

I want digestive medicine.

아이 원트 다이제스티브v 메디슨

현지의 음식을 먹어 보는 것도 여행의 묘미이지만, 먹어 보지 않은 음식을 먹으면 탈이 나기도 쉽습니다. 소화가 잘 되지 않을 땐 손가락을 따거나 약국에서 소화제를 찾아보세요. digestive는 '소화의'란 뜻이고, medicine은 '약'이란 뜻입니다.

오늘의 단어

 track 55-2

동작 단어

갖고 있다 have [해브v]
~을 찾다 look for [룩 폴f]
원하다 want [원트]

이름 단어

약국 drug store
　　　[드뤄그 스토얼]
병원 hospital [하스피를]
복통 stomachache
　　　[스터머에이크]
콧물 runny nose
　　　[뤄니 노우즈z]

열 fever [피f벌v]
설사 diarrhoea [다이어뤼어]
붕대 bandage [밴디쥐]
진통제 painkiller [패인킬럴]
멀미약 motion sickness pill
　　　　[모션 씩니스 필]
소화제 digestive medicine
　　　　[다이제스티브v 메디슨]

그 밖의 단어

~의 주변에 around [어롸운드]
여기 here [히얼]

Day 56

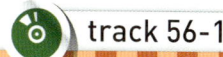

외국인 관광객과 대화하기

여행을 하다 보면 관광지에서 수많은 관광객들과 마주칩니다. 세계적인 관광지인 만큼 세계 곳곳에서 온 다양한 국적의 사람들이 있겠죠. 이들은 우리와 비슷한 입장이기 때문에 공감대를 형성하여 대화를 나눌 수 있습니다. 외국인들은 모르는 사이여도 가벼운 인사를 하는 것을 더 편하게 생각하기도 하므로, 애써 모른 척하지 말고 간단한 대화를 나눠 보세요.

안녕하세요? 전 한국에서 온 홍이라고 해요.
Hi, I am Hong from Korea.
하이 아이 앰 홍 프f롬 코뤼아

일단 이름부터 알려 주는 것이 기본입니다. 외국 영화를 보면 잠깐 볼 사이여도 서로 이름부터 주고받는 것을 쉽게 볼 수 있습니다. 우리나라 사람들이 "내 동생이야.", "우리 회사 부장님이야." 정도로 관계만 알려 주는 것과는 좀 다르지요. 위의 표현은 "My name is Hong. I am from Korea.(제 이름은 홍이에요. 한국에서 왔어요.)"로 말할 수도 있습니다.

당신은요?
How about you?
하우 어바웃 유

how는 '어떻게', about은 '~에 관해'란 뜻입니다. 나의 의견을 말한 후에 "How about you?"라고 간단히 물으면 상대방의 의견을 물을 수 있습니다.

이 나라에서 어디가 가장 좋았나요?
Where was the best place in this country?
웨얼 워즈z 더th 베스트 플레이스 인 디th스 컨트뤼

같은 나라를 여행하는 외국인이란 동일한 입장에서 물어보기 좋은 질문입니다. 서로 여행 정보를 교환하는 것이죠. 'Where is ~?'는 '~이 어디죠?'이고, 'Where was ~?'는 '~이 어디였죠?'입니다. 그동안 여행한 곳을 묻는 것이므로 과거형을 씁니다.

난 콜로세움이 정말 좋았어요.
I enjoyed the Colosseum very much.
아이 인조이드 더th 컬러씨움 붸v뤼 머취

enjoy는 '즐기다'란 뜻인데, '좋아하다'란 의미로도 자주 쓰입니다. enjoyed는 과거형으로 '좋았다'란 뜻이 됩니다. "Did you enjoy it?"이라고 하면 "그거 좋았니?"란 뜻입니다. 우리가 콜로세움이라고 부르는 것이 영어 발음으론 '컬러씨움'입니다. 이렇게 영어로 된 지명이나 유적 등의 발음이 차이가 큰 경우가 많으므로 영어식 발음으로 발음해야 의사소통을 원활히 할 수 있을 것입니다.

앞으로 어디 어디를 볼 건가요?
Where are you going to see next?
웨얼 알 유 고잉 투 씨 넥스트

상대방의 여행 일정을 물어보면 좋은 여행 정보를 얻을 수 있습니다. 우리나라 사람들에게 잘 알려지지 않은 숨은 명소를 찾기도 하죠. 'be(am, are, is) going to ~'는 '~할 예정이다'란 뜻입니다. "You are going to see there."는 "너는 그곳을 볼 예정이다."이고요, "Are you going to see there?"은 "너 그곳을 볼 예정이니?"입니다. "Where are you going to see?"는 "넌 어디를 볼 예정이니?"가 됩니다.

여행 기간이 어떻게 되나요?
What is the duration of your trip?
왓 이즈z 더th 듀뤠이션 어브v 유얼 트륍

duration은 '기간'이란 뜻입니다. '당신 여행의 기간'은 the duration of your trip이고요. 다른 나라는 우리나라보다 휴가 기간이 긴 경우가 많습니다. 우리나라도 예전에 비해 점점 여가 시간이 늘고 있지요.

한국에 오면 연락해요.
When you come to Korea, please contact me.
웬 유 컴 투 코뤼아 플리즈z 컨택트 미

대화를 나누다 보니 잘 통하거나 상대방이 한국에 큰 관심을 보이면 이렇게 말할 수도 있겠죠. 여기서 when은 '~할 때'란 뜻입니다. contact는 '~에게 연락하다'란 뜻입니다.

여기 제 이메일 주소예요.
Here is my e-mail address.
히얼 이즈z 마이 이메일 어드뤠스

전화번호나 주소를 가르쳐 주는 것이 조금 부담된다면 인터넷상의 주소인 이메일 주소를 알려 주세요. 물론 전화번호를 주고 싶다면 "Here is my phone number."이라고 하며 건네면 되고요. here은 '여기에'란 뜻입니다.

오늘의 단어

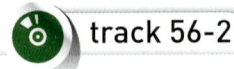 track 56-2

동작 단어

즐기다 enjoy [인조이]
보다 see [씨]
~할 예정이다 be going to [비 고잉 투]
오다 come [컴]
연락하다 contact [컨택트]

이름 단어

장소 place [플레이스]
나라 country [컨트뤼]
기간 duration [듀뤠이션]
여행 trip [트립]

이메일 e-mail [이메일]
주소 address [어드뤠스]
가장 좋은 the best [더th 베스트]

그 밖의 단어

~으로부터 from [프f롬]
어떻게 how [하우]
~에 관해 about [어바우트]
매우 많이 very much [베v뤼 머취]
다음에 next [넥스트]
~에, ~으로 to [투]

Day 57

현지인과 대화하기

여행을 하다 보면 호텔, 식당, 카페, 상점 등에서 현지인들을 쉽게 볼 수 있는데요, 이들과 대화를 하면 그곳에 대해 더 많은 것을 알 수 있을 것입니다. 현지인이 추천하는 관광지나 음식이 진짜 그곳의 명물일 테니까요.

이곳은 정말 멋진 나라예요.
This is a very nice country.
디th스 이즈z 어 붸v뤼 나이스 컨트뤼

일단 그 나라에 대한 칭찬으로 대화를 시작하면 상대방도 더욱 호의적이지 않을까요? this는 '이것, 이 사람, 이곳' 등으로 사용됩니다.

어느 곳을 추천하고 싶나요?
What place do you want to recommend?
왓 플레이스 두 유 원 투 뤠커멘드

어떤 음식을 추천하고 싶나요?
What food do you want to recommend?
왓 푸f드 두 유 원 투 뤠커멘드

현지인에게 추천하고 싶은 장소나 음식을 물어보면 정말 알짜 여행 정보를 얻을 수 있을 것입니다. what place는 '무슨 장소', what food는 '무슨 음식', what flower은 '무슨 꽃', what song은 '무슨 노래'란 식으로 사용할 수 있습니다. recommend는 '추천하다'란 뜻이고요.

외국인들에게 알려 주고 싶은 것이 있나요?
What do you want to show foreigners about your country?
왓 두 유 원 투 쇼우 포f뤼널스 어바우트 유얼 컨트뤼

show는 '~에게 보여 주다'란 뜻입니다. "Show me."는 "내게 보여 주세요."란 뜻이겠죠. foreigner는 '외국인'이란 뜻입니다. 이런 질문을 통해서도 그 나라에 대해 많은 것을 알 수 있게 될 것입니다.

한국을 알고 있나요?
Do you know Korea?
두 유 노우 코뤼아

얼마 전만 해도 우리나라의 인지도가 생각보다 낮아 충격을 받았다는 사람들이 많았습니다. 최근엔 한류 열풍과 싸이의 노래 '강남 스타일'의 히트로 우리나라에 대해 아는 사람들이 늘었습니다.

한국인 관광객들에 대해 어떻게 생각하나요?
What do you think of Korean travellers?
왓 두 유 띵th크 어브v 코뤼언 트뤠블v럴스

한국인이 많이 찾는 관광지라면 한국인에 대한 어떤 이미지가 형성되어 있을 수도 있습니다. 혹시 한국에 대해 오해하고 있는 것이 있다면 풀어 주어야겠죠? travel은 '여행'이란 뜻이고, traveller는 '여행자'란 뜻입니다. -er은 단어 뒤에 붙어 '~하는 사람'이란 뜻을 만듭니다.

이야기 나눠서 즐거웠어요. 고마워요.
It was nice talking to you, thank you.
잇 워즈z 나이스 토킹 투 유 땡th크 유

talking은 '수다, 담화'란 뜻입니다. nice는 '멋진'이란 뜻이니, '이야기를 나눠서 즐거웠다'라는 표현이 됩니다. 대화를 마무리하기에 아주 좋은 표현이니 잘 알아 두세요.

오늘의 단어

 track 57-2

동작 단어

원하다 want [원트]
추천하다 recommend [뤠커멘드]
알려 주다, 보여 주다 show [쇼우]
알다 know [노우]
~을 생각하다 think of [띵th크 어브v]

이름 단어

이곳, 이것 this [디th스]

나라 country [컨트뤼]
장소 place [플레이스]
음식 food [푸f드]
외국인 foreigner [포f뤼널]
여행자 traveller [트뤠블v럴]
수다 talking [토킹]

그 밖의 단어

멋진 nice [나이스]
매우 very [베v뤼]
~에 관해 about [어바우트]

Day 58

한국 소개하기

해외에서 외국인과 이야기를 하다 보면 생각보다 우리나라에 대해 잘 모른다는 사실을 알게 될 것입니다. 하지만 언짢아하실 필요 없어요. 사실 우리도 다른 나라에 대해 그들이 생각하는 것만큼 알고 있지 않은 경우가 많잖아요? 우리나라에 대해 소개하면서 민간 외교 사절단의 역할을 한번 해보세요.

한국은 중국과 일본 사이에 있습니다.
Korea is between China and Japan.
코뤼아 이즈z 비트윈 차이나 앤 재팬

우선 지역을 설명해 보세요. 중국은 워낙 큰 나라이고 일본은 경제적으로 발전한 나라이자 2차 세계대전을 야기한 나라이기 때문에 잘 알려져 있으므로 위와 같이 표현하면 거의 위치를 짐작할 수 있을 거예요. between은 '~의 사이에'란 뜻입니다. 또는 "Korea is located in Northeast Asia.(한국은 동북아시아에 위치해 있다.)"라고 해도 되고요. '코뤼아 이즈z 로케이티드 인 놀뜨th이스트 에이시아'라고 발음하죠.

한국은 오랜 역사를 갖고 있습니다.
Korea has a long history.
코뤼아 해즈z 어 롱 히스토뤼

우리나라의 5천 년 역사는 세계사적으로도 매우 긴 편입니다. '역사'

는 history입니다. 만약 몇 년 정도냐고 물으면 "About 5 thousand years."라고 하면 됩니다. '1000'을 나타내는 영어 단어는 thousand 이고, '따th우젼드'에 가깝게 발음됩니다.

안타깝게도, 남한과 북한으로 나뉘어져 있습니다.
Sadly, Korea has been divided into South and North Korea.
쌔들리 코뤼아 해즈z 빈 디바v이디드 인투 싸우뜨th 앤 놀뜨th 코뤼아

우리나라는 전 세계에서 유일하게 분단된 국가입니다. '~으로 분리 되다, 나뉘다'는 be divided by인데, 과거부터 현재까지 그런 상태 임을 나타낼 때는 'have(대상이 1개일 때는 has)+과거분사 형태'를 사용합니다. "Korea was divided by South and North Korea in 1945."는 "한국은 1945년 남한과 북한으로 분단되었다."이고, "Korea has been divided by South and North Korea since 1945."는 "한국은 1945년 이래로 남한과 북한으로 분단된 상태이다."인 것입니다.

남한은 케이팝으로 전 세계적으로 유명합니다.
South Korea is famous for K-POP around the world.
싸우뜨th 코뤼아 이즈z 페f이머스 폴f 케이팝 어롸운드 더th 월드

최근 케이팝(K-POP)의 인기로 우리나라가 많이 알려졌습니다. 케이팝의 K는 Korea를 뜻하지요. '~으로 유명하다'는 be famous for 입니다.

남한의 수도는 서울입니다.
South Korea's capital city is Seoul.
싸우뜨th 코뤼아스 캐피를 씨티 이즈z 서울

'수도'는 capital city입니다. capital엔 '자본, 자산'이란 뜻도 있는데, 아무래도 나라의 자본이 집중되는 곳이 수도이기 때문에 서로 의미가 통한다고 볼 수 있습니다. city는 '도시'란 뜻이고요.

인구는 5천만 명이 넘습니다.
The population is over 50 million.
더th 파퓰래이션 이즈z 오벌v 피f프f티 밀리언

우리나라는 국토는 넓지 않지만 인구는 꽤 많은 편입니다. '인구'는 population이고, '~의 숫자'는 the number of ~라고 하면 됩니다. over는 '~이 넘는'이란 뜻입니다. 숫자를 영어로 말하는 것이 우리와는 조금 다릅니다. 100은 'one hundred', 1,000은 'one thousand', 10,000은 'ten thousand', 100,000은 'a hundred thousand'입니다. 1,000,000은 'one million', 10,000,000은 'ten million', 100,000,000은 'a hundred million'입니다.

남한은 아주 역동적이고 매력적인 곳입니다.
South Korea is very dynamic and attractive.
싸우뜨th 코뤼아 이즈z 붸v뤼 다이내믹 앤 어트뤡티브v

외국인들이 보기에 우리나라 사람들은 매우 부지런하고 나라의 분위기도 역동적이라고 합니다. 빠른 배달 문화나 24시간 영업 등이 무척 신기하다고 하더라고요. '역동적인'은 dynamic이고, '매력적인'은 attractive입니다.

언젠가 한국을 방문해 보세요.
Visit Korea one day.
비v지z트 코뤼아 원 데이

마지막으로 한국에 오라는 말로 대화를 마무리하면 좋겠지요? '방문하다'는 visit이고, 미래의 언젠가를 말할 땐 one day를 사용하면 됩니다.

오늘의 단어

 track 58-2

동작 단어

나누다 divide [디바v이드]
~으로 나뉘다 be divided into [비 디바v이디드 인투]
~으로 유명하다 be famous for [비 페f이머스 폴f]
방문하다 visit [비v지z트]

이름 단어

중국 China [차이나]
일본 Japan [재팬]
역사 history [히스토뤼]
세계 world [월드]
수도 capital city [캐피를 씨티]
인구 population [파풀래이션]
100만 million [밀리언]

꾸미는 단어

오랜, 긴 long [롱]
남쪽의 south [싸우뜨th]
북쪽의 north [놀뜨th]
유명한 famous [페f이머스]
역동적인 dynamic [다이내믹]
매력적인 attractive [어트뤡티브v]

그 밖의 단어

~ 사이에 between [비트윈]
안타깝게도 sadly [쌔들리]
여기저기에 around [어롸운드]
~이 넘는 over [오벌v]
언젠가 one day [원 데이]

Day 59

track 59-1

항공권 구입하기

한국에서 출발할 때 귀국하는 항공권도 구입하는 경우가 많지요? 이럴 땐 해외에서 항공권을 구입할 필요가 없지만 귀국 날짜가 정해져 있지 않은 오픈티켓(open ticket)을 구매한 경우이거나 미리 예매하지 않은 경우엔 현지에서 항공권을 구입해야 합니다. 항공권 구입 시 필요한 표현들을 정리해 볼게요.

오픈티켓으로 한국행 항공편을 예약하고 싶어요.
I want to make a reservation to Korea with my open ticket.
아이 원 투 메이크 어 뤠절베v이션 투 코뤼아 위드th 마이 오픈 티켓

오픈티켓으로 한국으로 돌아오는 티켓을 예매할 때 필요한 표현입니다. '예약하다, 예매하다'는 make a reservation입니다. 여기서 to는 '~으로', with는 '~을 가지고'란 뜻입니다.

인천으로 가는 항공편을 예약하고 싶어요.
I want to book a flight to Incheon, Korea.
아이 원 투 북 어 플f라이트 투 인천 코뤼아

'예약하다'란 표현으로 book을 쓰기도 합니다. '책'이란 뜻의 book이 이렇게도 사용되네요. 우리나라의 대표적인 국제공항은 인천국제공항입니다. 해외에서 우리나라에 올 때는 Korea의 Incheon을 찾으세요.

가장 빠른 항공편으로 주세요.
The soonest flight, please.
더th 쑨이스트 플f라이트 플리즈z

soon은 '곧, 빨리'라는 뜻이고, the soonest라고 하면 '가장 빠른'이란 뜻입니다. 가장 빨리 오는 것으로 무엇이든 좋다는 표현입니다.

어떤 좌석을 원하나요?
What kind of seats would you like?
왓 카인드 어브v 씨츠 우 쥬 라이크

비행기 좌석에는 등급이 있습니다. 퍼스트 클래스(first class)가 최고급 좌석이고, 그 다음은 비즈니스(business), 이코노미(economy)의 순입니다. 가격이 다른 만큼 좌석 상태나 기내식 등의 서비스도 다릅니다. 위 문장에서 kind는 '종류'란 뜻이고 seat은 '좌석'이란 뜻입니다. what kind of seats는 '무슨 종류의 좌석'이란 뜻이죠.

이코노미 등급으로 주세요.
Economy class, please.
이카너미 클래스 플리즈z

보통 이코노미 등급을 이용하는 경우가 많습니다. economy는 '경제, 절약'이란 뜻이고, class는 '등급'이란 뜻입니다.

항공편 예약을 바꾸고 싶어요.
I want to change my flight.
아이 원 투 췌인쥐 마이 플f라이트

여행을 하다 보면 일정을 변경하고 싶거나 변경해야만 하는 상황이 생길 수 있습니다. 이럴 땐 해당 항공사나 여행사에 전화를 걸어 예약을 바꿀 수 있는지 물어보세요. '바꾸다'는 change입니다.

10월 7일 항공편 가능할까요?
Can I take the flight on October 7th?
캔 아이 테이크 더th 플f라이트 언 악토벌 쎄븐v쯔th

여기서 take는 '취하다, 가지다'란 뜻입니다. 날짜를 말하는 방법을 좀 살펴볼까요? 날짜 앞에는 on을 써서 '(어느 때)에'란 뜻을 표현합니다. 달력 위(on)의 날짜를 가리킨다고 연상해 보세요. 날짜는 순서를 나타내는 영어 단어를 사용해야 합니다. first(1일), second(2일), third(3일)이고, 그 뒤론 뒤에 -th를 붙이면 됩니다. forth(4일), fifth(5일), sixth(6일)처럼요. 달은 각각 이름을 갖고 있으니 알아 두세요. January(1월), February(2월), March(3월), April(4월), May(5월), June(6월), July(7월), August(8월), September(9월), October(10월), November(11월), December(12월)입니다.

오늘의 단어

 track 59-2

동작 단어

예약하다 make a reservation
　　　　[메이크 어 뤠젤베v이션]
예약하다 book [북]
바꾸다 change [췌인쥐]
취하다, 얻다 take [테이크]

이름 단어

오픈티켓 open ticket
　　　　[오픈 티켓]
항공편 flight [플f라이트]

종류 kind [카인드]
좌석 seat [씨트]
이코노미석 economy class
　　　　　[이카너미 클래스]
10월 October [악토벌]

그 밖의 단어

~을 가지고 with [위드th]
가장 빠른 the soonest
　　　　　[더th 쑨이스트]
(어떤 날짜) ~에 on [언]

Day 59 - 항공권 구입하기

Day 60

출국하기

이제 한국으로 돌아갈 때입니다. 외국에서 출국할 때 필요한 영어 표현들을 살펴보겠습니다. ABC를 쓰는 것부터 시작해, 영어 단어를 읽고, 영어 문장을 만들고, 실전에서 사용해 보는 것까지! 그동안 정말 수고 많으셨습니다. 언어는 어느 날 갑자기 잘하게 되는 것이 아닙니다. 아기는 뱃속에서부터 부모님의 말소리를 듣고 태어나 옹알이를 하다가 단어만 겨우 말하다가 이윽고 문장을 말할 수 있게 됩니다. 그러니 영어를 잘해야만 말할 수 있다고 생각하지 마시고, 단어부터 조금씩 시작해 보세요!

탑승권은 어디에서 받을 수 있나요?

Where can I get a boarding pass?

웨얼 캔 아이 겟 어 볼딩 패스

항공권을 미리 예매해 두었다면 이용할 항공사의 카운터를 찾아가 탑승권을 받으면 됩니다. '탑승권'은 boarding pass라고 합니다. 비행기 시간보다 2시간 정도 빨리 가서 수속을 밟는 게 좋습니다.

이 항공편이 인천행인가요?

Is this flight for Incheon?

이즈z 디th스 플f라이트 폴f 인천

탑승권을 받고 한 번 더 확인하고 싶다면 위와 같이 물어보면 됩니다.

4. 영어 수다쟁이가 되기 위한 상황별 표현

탑승 시간이 언제인가요?
When is my boarding time?
웬 이즈z 마이 볼딩 타임

'탑승 시간'은 boarding time입니다. 탑승권에 시간이 적혀 있긴 하지만 복잡해서 잘 알아볼 수 없거나 확실히 하고 싶을 때 이렇게 물어보면 됩니다.

8번 탑승구는 어디인가요?
Where is gate number eight?
웨얼 이즈z 게잇 넘벌 에이트

공항은 넓기 때문에 탑승구를 찾는 것이 중요합니다. 탑승권에 적혀 있는 게이트 번호를 보고 찾아가면 되는데, 시간을 절약하기 위해선 카운터에서 물어보는 것도 좋겠지요? gate는 '출입구'란 뜻인데 '탑승구'란 뜻으로도 쓰입니다.

어디서 세금 환급을 받을 수 있나요?
Where can I get a tax refund?
웨얼 캔 아이 겟 어 택스 뤼펀f드

세금 환급을 받고 싶어요.
I want my tax refund.
아이 원트 마이 택스 뤼펀f드

면세(Tax Free)가 되는 상점에서 구입한 물건이 있다면 공항의 세금 환급 센터(Tax Refund Counter)에서 영수증과 여권, 상품을 제시하고 확인 도장을 받아 환불 창구에서 환급을 받을 수 있습니다. '세금'은 tax이고 '환급'은 refund입니다.

비행기를 놓쳤어요.
I missed my plane.
아이 미쓰드 마이 플레인

늦어서 비행기를 놓친 경우엔 카운터에서 다음 항공편을 이용할 수 있는지 알아봐야 합니다. 다음 항공편을 이용할 수 있다면 다행이지만 그렇지 않으면 다음날에나 가능하기도 합니다. 꼭 그날 비행기를 타야 한다면 다른 항공사의 항공편을 구입하고, 해당 표는 환불 절차를 밟아야 합니다. '놓치다'는 miss입니다.

오늘의 단어

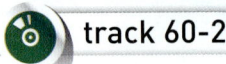 track 60-2

동작 단어

얻다 get [겟]
환급받다 refund [뤼펀drb드]
놓치다 miss [미쓰]

이름 단어

탑승권 boarding pass
　　　[볼딩 패스]

탑승 시간 boarding time
　　　　　[볼딩 타임]
탑승구 gate [게이트]
번호 number [넘벌]
세금 환급 tax refund
　　　　　[택스 뤼펀드]
비행기 plane [플레인]

• 부록 III

영어를 알면
인터넷이 쉬워진다

요즘은 두 가지 세상이 존재한다고 해도 과언이 아닙니다. 바로 온라인(on-line) 세상과 오프라인(off-line) 세상인데요. 온라인은 통신이나 회선 등을 통해 정보를 주고받을 수 있는 상태를 말합니다. 인터넷이 발달하고 스마트폰이 대중화되면서 이젠 온라인 세상이 주(主)가 되는 시대가 되었습니다. 온라인을 통해 편지를 주고받고, 정보를 찾고, 쇼핑을 할 수 있는 것이죠. 그것도 전 세계적으로요!

세상의 모든 정보가 있는
포털 사이트 이용하기

인터넷이란?

인터넷(Internet)은 '서로'란 뜻의 inter와 '망, 그물'이란 뜻의 net이 합쳐진 말로 전 세계가 서로 그물처럼 연결되어 있는 통신망을 말합니다. 컴퓨터(computer)를 켜면 화면에 Internet Explore(인터넷 익스플로어)나 Chrome(크롬)이라고 쓰여 있는 아이콘이 있습니다. 그것이 바로 인터넷 세상으로 들어가는 문입니다.

마우스 클릭하기

컴퓨터에는 마우스(mouse)라고 부르는 쥐 모양의 기계가 연결되어 있습니다. 그것을 오른손으로 가볍게 감싸고 움직여 보면 컴퓨터 화면에서 화살표가 움직이는 것을 볼 수 있습니다. 그 화살표를 커서(cursor)라고 합니다. 마우스를 잡고 검지를 누르면 딸깍 소리가 나며 눌러집니다. 이렇게 누르는 행위를 클릭(click)이라고 합니다. 보통 한 번 클릭하면 선택이 되고, 두 번 선택하면 실행이 됩니다. 두 번 클릭하는 것을 더블 클릭(double click)이라고 합니다.

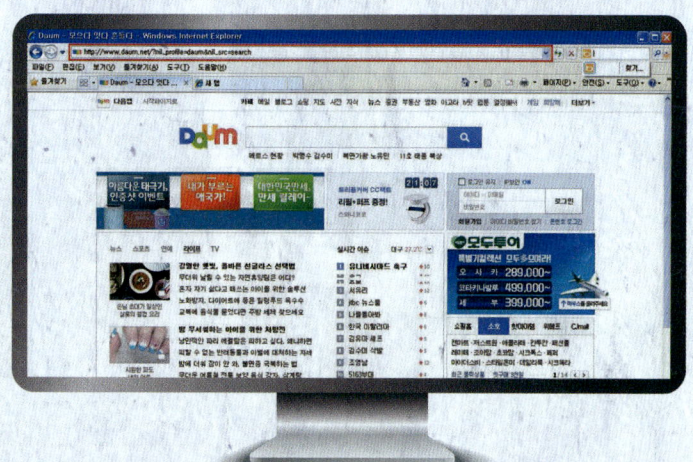

인터넷 들어가기

자, 그럼 Internet Explore나 Chrome을 마우스로 더블 클릭해 보세요! 처음 나타나는 화면엔 사용자가 지정해 놓은 사이트가 뜹니다. 그리고 맨 위쪽에 길고 하얀 칸이 있는데 이것을 주소창이라고 합니다. 그림에 빨간색 네모로 표시한 부분입니다. 인터넷은 전 세계와 같은 세상이라고 했지요? 바로 이 주소창에 주소를 넣으면 전 세계 어디든 갈 수 있는 것입니다.

포털 사이트란?

일단 우리나라에서 많이 사용되는 포털 사이트를 찾아가 봅시다. 포털 사이트(portal site)는 다양한 정보를 모아 놓은 사이트로, 우리나라에선 '네이버(Naver)', '다음(Daum)' 등이 많이 사용되고 있습니다. '다음'에 한번 들어가 볼까요? 주소창에 화살표를 대고 마우스를 클릭한 후 www.daum.net을 입력하고 키보드의 엔터(Enter) 키를 누르세요. 그럼 위와 같은 화면이 뜹니다. 영어와 한글을 전환하여 입력하기 위해서는 키보드의 '한/영'키를 누르면 됩니다.

세상의 모든 정보가 있는 포털 사이트 이용하기

부록 영어를 알면 인터넷이 쉬워진다

포털 사이트 훑어 보기

첫 화면만 해도 수많은 정보가 등장합니다. 뉴스는 물론 인터넷상의 카페(여러 사람이 한 가지 주제를 갖고 모인 동호회 같은 곳), 블로그(개인이나 단체에서 정보를 올리는 곳) 등의 소식, 쇼핑 정보 등이 화면을 가득 채웁니다. 광고도 많이 있고요. 관심이 있는 내용이 있으면 마우스로 화살표를 가져가 더블 클릭하면 해당 페이지로 이동하여 자세한 내용을 볼 수 있습니다. 그리고 다시 이전 페이지로 돌아가고 싶다면 화면 좌측상단의 화살표(←)를 클릭하면 됩니다.

포털 사이트에서 검색하기

포털 사이트의 중앙 상단을 보면 하얀 빈칸이 있습니다. 이것을 '검색창'이라고 합니다. 여기에 원하는 정보를 찾을 수 있는 검색어를 입력하고 엔터키를 치면, 그것과 관련된 수많은 정보가 종류별로 나타납니다. 관련 뉴스, 관련 사이트, 사전 및 백과사전, 카페 내 관련 정보, 블로그 내 관련 정보 등이 모조리 나오지요. 이를 보며 해당 검색어에 관한 수많은 정보를 얻을 수 있습니다. 이것이 바로 인터넷의 엄청난 장점입니다. 여러분이 알고 싶은 것이라면 무엇이든 검색창에 입력해 보세요! 영어 단어도 이곳에 치면 뜻은 물론 관련된 모든 정보가 나온답니다.

인터넷상의 나만의 우체통, 이메일 만들기

이메일(E-mail)은 온라인상에서 사용하는 개개인의 주소를 말합니다. 각 포털 사이트에서는 이메일 서비스를 제공하고 있습니다. 해당 사이트에 회원으로 가입하면 자동으로 이메일 주소가 생성되지요. '다음'에서 이메일을 만드는 방법을 알아보겠습니다.

회원가입 하기

우리나라 포털 사이트의 경우 주로 우측 상단에 로그인 및 회원가입에 관한 것이 배치되어 있습니다. 다음 역시 우측 상단에 있지요.

1) '회원가입' 클릭하기

부록 영어를 알면 인터넷이 쉬워진다

2) 약관 동의 체크 박스 클릭하고 '동의하기' 클릭하기

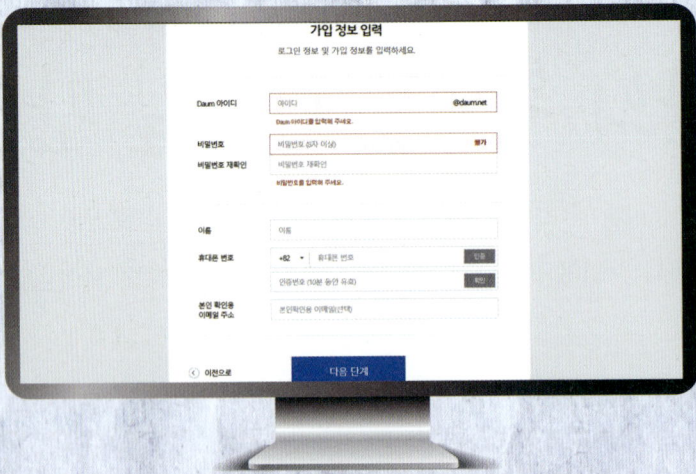

3) 가입 정보 입력 후 '다음 단계' 클릭하기

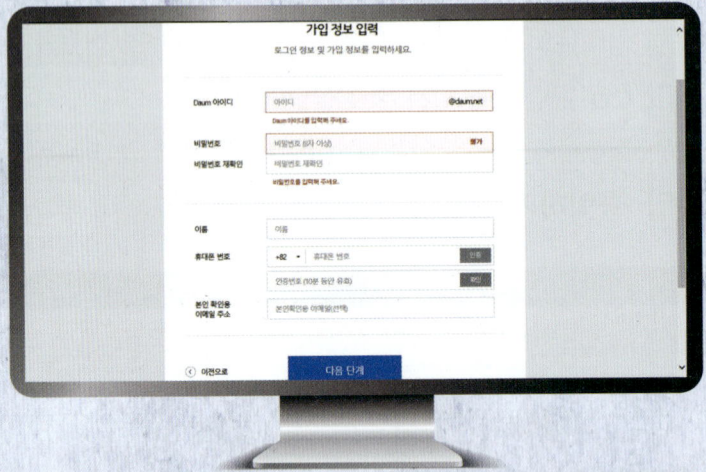

아이디 칸에는 사용하고 싶은 아이디를 입력하면 되는데요, 아이디는 ID, 즉 identification의 약자로 '신분'이란 뜻입니다. 온라인상에서의 본인의 이름이라고 보면 되죠. 비밀번호는 각 사이트에서 제시하는 조건에 맞춰 정해야 하는데 보통 영문과 숫자를 섞어 8자 이상을 입력해야 합니다. 비밀번호 재확인 칸에는 비밀번호를 한 번 더 입력하시면 되고요. 이름은 본인의 실명을 쓰고, 휴대전화 번호를 입력한 후 '인증'을 클릭하면 문자메시지로 번호가 오니, 그것을 인증번호 칸에 입력하고 '확인'을 클릭하세요. 그리고 '다음 단계'를 클릭하면 가입이 완료됩니다.

로그인 하기

'다음'으로 다시 들어가 보세요. 가입을 하면 자동으로 로그인이 되어 있습니다. '로그인(log in)'은 아이디와 비밀번호를 입력하고 나의 신분으로 해당 사이트에 들어가는 것을 의미합니다. 로그인 하는 것을 배우기 위해 일단 로그아웃을 해보겠습니다. '로그아웃(log out)'은 반대로 해당 사이트에서 나와 나의 신분이 아니라 구경꾼과 비슷한 입장이 되는 것입니다. 우측 상단 여러분의 이름 오른쪽에 '로그아웃'을 클릭해 보세요.

그러면 우측 상단에 하얀 칸이 나타납니다. '아이디'라고 쓰여 있는 칸을 클릭한 후 아까 설정한 여러분의 '아이디'를 입력하세요. 그리고 '비밀번호'라고 쓰여 있는 칸을 클릭한 후 마찬가지로 아까 설정한 여러분의 '비밀번호'를 입력하신 후, 오른쪽의 '로그인'을 클릭하세요. 그럼 '다음' 사이트에 '로그인'을 해서 여러분의 신분으로 들어간 것입니다.

부록
영어를 알면 인터넷이 쉬워진다

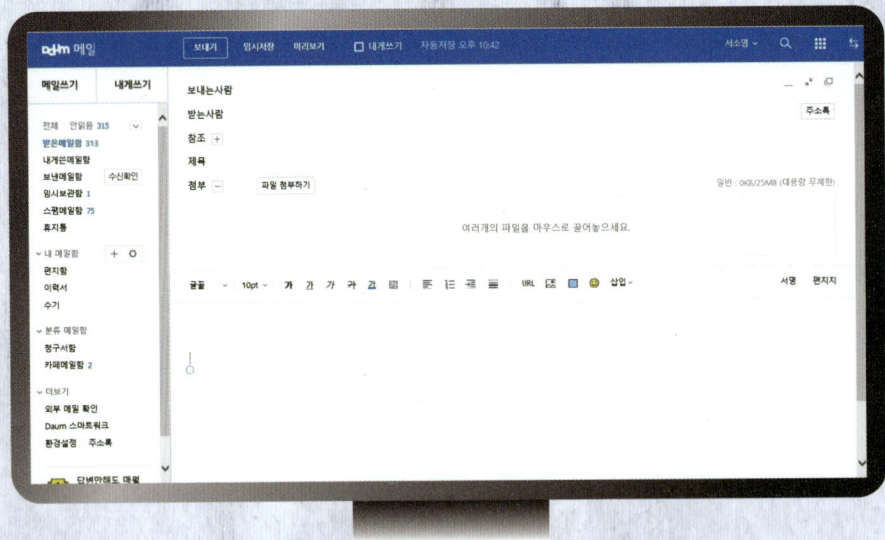

이메일 보내기

회원가입을 하면 자동으로 이메일 주소가 생성됩니다. 주소는 여러분의 아이디에 포털 사이트의 정보가 붙은 형태입니다. 즉, 아이디를 'gildong1004'라고 지정했다면 이메일 주소가 'gildong1004@daum.net'이 되는 것입니다. 여기서 @은 골뱅이 모양이라 하여 '골뱅이'라고 부르기도 하는데, at을 줄인 것이기 때문에 '애트'라고 읽기도 합니다. 왜 at을 쓰는 걸까요? at은 '(장소)~에'라는 뜻입니다. 즉, 다음이란 사이트에 있는 누구누구다라는 의미입니다.
로그인을 하면 우측 상단에 여러분의 이름이 나오고, 그 아래 '메일'이란 글씨가 있습니다. 그것을 클릭해 보세요. 그리고 좌측 상단의 '메일 쓰기'를 클릭하면 다음과 같은 화면이 나옵니다.
그러면 '받는사람'에 상대방의 이메일 주소를 입력하고, '제목'에 원하는 메일 제목을 입력하고, 아래 큰 박스에 메일 내용을 입력한 후, 상단의 '보내기'를 클릭하면 끝입니다! 이메일 보내기 어렵지 않지요? 여러분에게 오는 편지는 좌측의 '받은편지함'을 클릭하면 확인할 수 있습니다.

사진 등의 파일을 첨부해서 보내기, 받은 편지를 삭제하기, 주소록 만들기 등 여러 기능들이 있는데 모두 한글로 친절히 설명되어 있기 때문에 찬찬히 보시면 다 이해하고 사용하실 수 있을 거예요. 앞으로 이메일 주소를 주고받고 편지도 주고받아 보세요!

전 세계 누구든 이메일로 편지를 주고받을 수 있다는 것이 가장 큰 장점인데요, 꼭 편지를 주고받는 것 외에도 인터넷을 하다 보면 정말 필요한 일이 많답니다. 이메일 주소가 인터넷에서의 신분증과 같은 것이기 때문입니다. 자, 이제 인터넷상에 여러분의 신분증과 집이 마련되었습니다! '다음'뿐 아니라 어느 사이트든 회원가입 절차는 비슷하니 원하는 사이트에 가입해 보세요.

부록 — 영어를 알면 인터넷이 쉬워진다

다양하고 저렴하다!
쇼핑 사이트 이용하기

요즘은 백화점이나 마트, 상점 등에서 물건을 직접 구매하는 것보다 인터넷 쇼핑 사이트를 통해 구입하는 경우가 더 많습니다. 인터넷을 활용하면 수많은 제품을 한눈에 비교해 볼 수 있고, 업체 간 경쟁이 심해 더 저렴한 가격에 구입할 수 있다는 장점이 있습니다. 하지만 직접 눈으로 보고 살 수가 없고, 배송 시간이 걸리며, 간혹 사기를 당할 수도 있다는 단점도 있으니 주의해서 사용해야 합니다.

'다음'이나 '네이버' 등의 포털 사이트 검색창에 제품 이름만 입력해도 수많은 쇼핑 정보가 나옵니다. 하지만 여러 쇼핑 사이트를 이용하면 여러 번 회원 가입을 해야 하고 여러 사이트를 기억해 둬야 하기 때문에 번거롭습니다. 여기서는 가장 많이 사용하는 쇼핑 사이트를 예로 들어 설명해 보겠습니다.

현재 우리나라에서 가장 많이 이용되는 쇼핑 사이트는 '지마켓(www.gmarket.co.kr)', '11번가(www.11st.co.kr)' 등의 오픈마켓(open market)입니다. 오픈마켓은 판매자들이 직접 해당 사이트에 물건을 게시해 놓고, 거래가 이루어지면 수수료를 지불하고 판매하는 중개형 쇼핑몰입니다. 이밖에 옷, 가구 등 한 가지 주제로 운영되는 쇼핑몰들도 있습니다. 이러한 쇼핑몰들도 오픈마켓을 동시에 활용하기도 하고요. 그럼 '지마켓'을 예로 들어 온라인 쇼핑을 하는 방법을 설명해 보겠습니다.

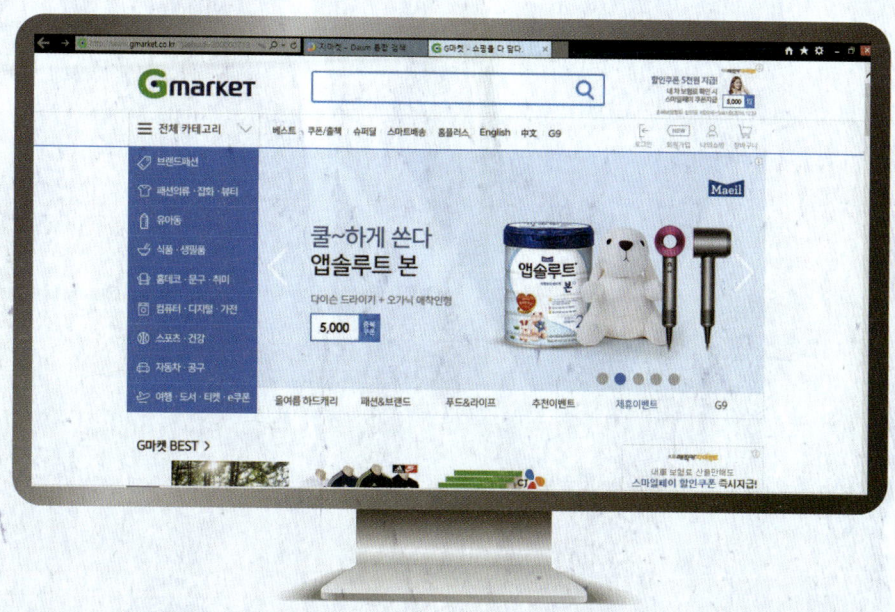

회원가입 하기

자신의 이름으로 물건을 구매하려면 일단 해당 사이트에 회원가입을 해야 합니다. 간혹 비회원 구매가 가능한 사이트도 있지만요. 그럼, 포털사이트 검색창에 '지마켓'이라고 입력하거나 주소창에 www.gmaket.co.kr을 입력하여 지마켓 사이트에 들어가 보세요.

위와 같은 창이 뜨지요? 우측 상단에 '회원가입'을 클릭해 보세요. 그러면 다음과 같은 창이 뜹니다. 개인 구매회원이므로 그대로 '가입하기'를 클릭하세요.

영어를 알면 인터넷이 쉬워진다

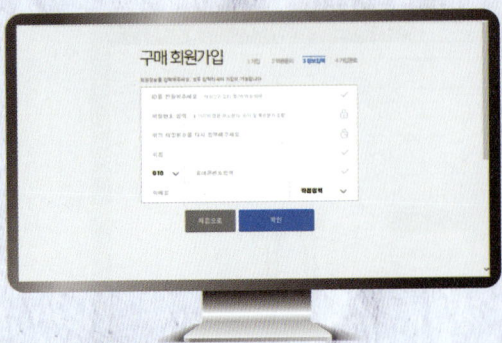 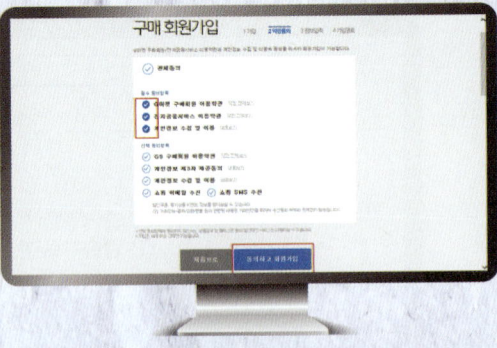

약관에 동의하는 절차가 나오는데 필수 동의항목만 체크하고 '동의하고 회원가입'을 클릭하면 됩니다. 선택 동의약관은 원할 경우 체크하면 되고요.

구매 회원가입 페이지에선 아이디, 비밀번호 등을 입력하면 됩니다. '다음'에 가입할 때와 비슷하지요?

물건 찾기

지마켓의 메인 페이지를 보면 위쪽 가운데에 검색창이 있습니다. 포털 사이트에 있던 것과 비슷하지요? 마찬가지로 여기에 원하는 검색어를 입력하는 이 쇼핑 사이트 내에 있는 모든 관련 정보가 나옵니다.

카테고리(category, 항목)를 통해 찾는 방법도 있습니다. 왼쪽 상단을 보면 지마켓 로고 바로 밑에 '전체 카테고리'란 글자가 있는데 한번 클릭해 보세요. 그러면 아래 그림과 같이 수많은 카테고리가 나옵니다.

원하는 카테고리를 찾아 들어가면 해당 상품이 쭉 나오는데요, 가장 위에 나오는 상품들은 사실 광고인 경우가 많습니다. 수많은 상품이 있기 때문에 조금이라도 더 눈에 띄기 위해서 쇼핑 사이트 측에 일정 금액을 지불하고 상단에 노출시키는 것입니다.

조금 아래로 내려가 보면 '전체 상품'이 나오는 부분이 있습니다. '판매인기순', '할인액높은순', '가격낮은순', '상품평순', '신규상품순' 등의 정렬 순서를 선택해 원하는 방식으로 상품들을 정렬시켜서 보세요. 그리고 적당한 상품을 고른 후 클릭하세요. 그리고 '옵션 선택'에서 원하는 상품을 클릭한 후 '장바구니'를 클릭하세요. 그리고 작은 창이 뜨면 '장바구니로'를 클릭하세요.

결제하기

자, 이제 결제만 하면 됩니다! 처음엔 어려운 것 같지만 자꾸 하다 보면 직접 사러 가는 것보다 쉽답니다. 발품을 팔지 않아도 되고, 택배로 집까지 배달되니 얼마나 편리한가요? 장바구니에서 하단의 '주문결제'를 클릭하세요.

이제 어디로 받을 것인지 '배송지 정보'를 입력하세요. '수취인 이름', '수취인 휴대폰', '수취인 연락처'는 그냥 입력하면 되는데요, '배송지 주소'는 먼저 '주소 찾기'를 클릭하여 우편번호를 찾아야 합니다. '주소 찾기'를 클릭하면 작은 창이 하나 뜨는데, 그곳에 사는 곳의 동 이름을 입력하고 '검색'을 누르세요. 그리고 해당하는 주소를 '선택'한 후, 나머지 상세 주소를 입력하고 '주소입력'을 클릭하세요.

아래로 내려오면 '결제 수단 선택'이 있습니다. 즉, 무엇으로 결제할지 결정하는 거죠. 여러 가지가 있는데 보통 신용카드나 현금 결제를 많이 합니다. 휴대폰 결제의 경우 간편하긴 하지만 10%의 부가세가 붙으니 이용하지 않는 게 좋겠죠? 그리고 신용카드 결제의 경우 신용카드를 컴퓨터에 등록하는 절차가 필요하기도 하니, 일단 '현금 결제'를 해보겠습니다.

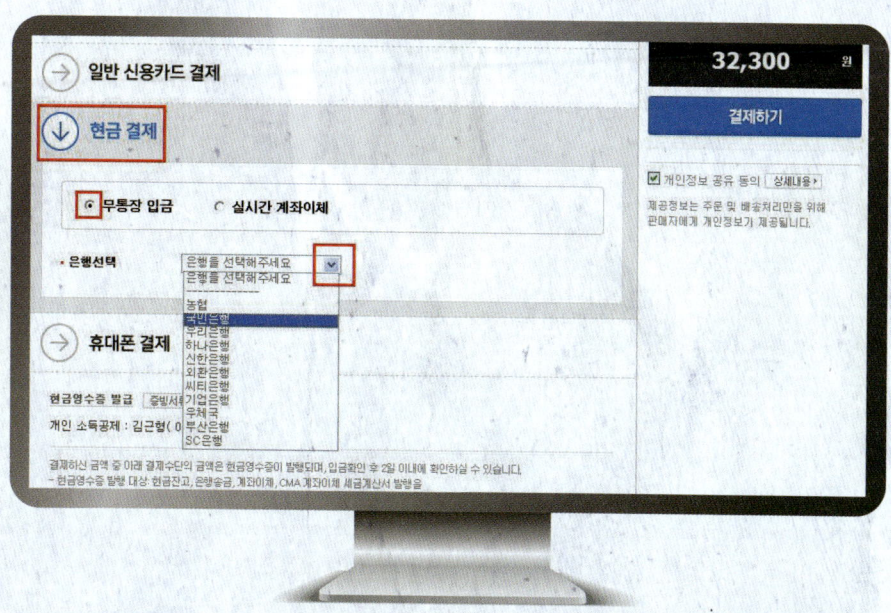

'현금 결제'를 클릭한 후 '무통장 입금'을 선택하세요. 그리고 입금하기 편한 은행을 찾아 선택한 후 우측의 '결제하기'를 클릭하세요. 그러면 작은 창이 뜨는데, 입금할 계좌번호와 입금해야 할 기한이 나오니, 확인 후 '확인하기'를 클릭하세요. 자, 그럼 모두 끝난 것입니다. 해당 계좌에 입금하고 집에서 기다리세요!

처음엔 어렵게 느껴질 수 있지만, 회원가입을 해두었으니 다음부터는 아이디와 비밀번호를 이용해 로그인만 하면 되니 훨씬 간단해집니다. 그럼, 현명한 쇼핑하세요!

> **부록** 영어를 알면 인터넷이 쉬워진다

영어는 나의 취미~
영어 공부 (무료) 사이트 이용하기

인터넷에는 정말 많은 정보가 있습니다. 너무나 많은 정보 속에서 시간을 허비할 수 있다는 단점도 있지만 잘만 활용하면 정말 유용한 것이지요! 영어 공부를 할 때도 인터넷을 이용할 수 있습니다. 포털 사이트에 모르는 영어 단어를 치면 영어 사전 검색 결과는 물론 예문이나 관련 정보들이 모두 나열됩니다. '영어 공부', '영어 공부 무료 사이트', '기초 영어', '기초 영단어', '여행 영어', '영어 회화' 등의 검색어를 입력해도 마찬가지로 관련 정보들이 나오겠지요? 또는 '영어 방송', '영어 라디오 방송', '영어 스터디', '영어 회화 스터디' 등을 검색하여 여러분에게 맞는 방송을 찾아 듣거나 영어 스터디 모임에 참여해 볼 수도 있습니다. 여기서는 몇 가지 영어 공부 무료 사이트를 소개해 드릴게요. 일단 맛보기로 훑어보시고, 앞으로 더 많은 정보를 직접 찾아보세요!

1) 지식 www.gseek.kr

경기도에서 직접 운영하는 사이트로 영어뿐 아니라 일본어, 중국어 등의 외국어와 취미, 자격증, 정보화 기술 등의 무료 강의가 가득하답니다.

영어는 회화, 청취, 문법, 작문, 어휘, 독해, 비즈니스, 시험 대비 등의 항목별로 수많은 강의가 마련되어 있습니다. 입문부터 초급, 중급, 고급 과정으로 분류되어 있으니 순서대로 들으면 되겠죠? 회원가입을 한 후 무료 강의를 들어보세요!

2) 일빵빵 입에 달고 사는 기초 영어
http://www.podbbang.com/ch/7193

팟캐스트(podcast, 인터넷망을 통해 콘텐츠를 제공하는 서비스)를 통해 양질의 기초 영어 무료 강의를 제공합니다. 재능 기부의 취지에서 시작되었다가 국내외 청취자 수 5천만 명을 넘어선 방송이기도 하지요. '일빵빵 입에 달고 사는 기초 영어'에는 문법을 익히며 회화 문장을 만드는 방법을 알려 주는 강의들이 가득합니다.

회원 가입도 필요 없이 바로 들을 수 있답니다. 왼쪽에는 강의 화면이 나오고 오른쪽에는 강의 목록이 나옵니다. 강의 목록에서 원하는 내용을 찾아 클릭하면 됩니다. 계속해서 업데이트되는 강의를 들으려면 '로그인'을 클릭한 후 작은 창이 나타나면 맨 아래에 '아직 podbbang.com 회원이 아니세요?'를 클릭하고 회원가입 절차를 진행하시면 됩니다.

3) KBS 라디오, 레이나의 굿모닝팝스
www.kbs.co.kr/radio/coolfm/rgmp/replay

굿모닝팝스는 1988년부터 시작된 대한민국 대표 영어 방송입니다. 매달 1편의 영화와 8~9곡의 팝송을 통해 영어를 공부하고, 기초 회화를 연습할 수 있습니다. 매일 아침 6시에 방송되지만 언제든 '다시듣기' 서비스를 통해 들을 수 있답니다.

부록 — 영어를 알면 인터넷이 쉬워진다

이상으로 인터넷을 통해 영어를 공부할 수 있는 방법 몇 가지를 알아보았습니다. 위의 서비스들은 모두 스마트폰을 통해서도 즐길 수 있습니다. 인터넷을 하는 데 익숙해지신 후엔 스마트폰을 통해 이러한 서비스를 이용하는 것도 어렵지 않으실 거예요.

스마트폰을 스마트(smart, 똑똑한)하게 사용하는 팁은 일단 한 가지만 살짝 알려 드릴게요. 바로 팟캐스트인데요, 앞서 잠깐 설명한 대로 인터넷을 통해 콘텐츠를 제공하는 서비스예요. 텔레비전의 채널처럼 수많은 팟캐스트가 존재하는데, 각각 정기적으로 콘텐츠를 올립니다. 우리는 관심 있는 팟캐스트를 골라 '구독'을 하면 됩니다. 그러면 새로운 콘텐츠가 올라올 때마다 접할 수 있는 것이죠. 영어뿐 아니라 정치, 경제, 영화, 교육, 건강 등의 카테고리별로 수천 가지의 팟캐스트가 있습니다.

아이폰의 경우 화면에 있는 'Podcast'를 터치하면 바로 이용할 수 있고요, 그 외의 스마트폰은 화면에 있는 'Play 스토어'를 터치한 후 검색창에 '팟빵' 또는 '비욘드팟'을 입력해서 설치하세요. 그리고 화면을 보면 해당 애플리케이션(application)이 생성되어 있는데요, 그것을 터치하면 팟캐스트 세상이 열린답니다.

인터넷이든, 스마트폰이든, 이제 모두 자유자재로 활용해 보세요!

■ 저자

김근형

파고다어학원 등 어학원 토익 · 청취 강의
에듀조선 영어팀 수석 연구원
넥서스 수험서 팀장
동국대학교 등 대학 토익 강의
삼성생명 등 기업체 토익 강의
중앙대학교 불문과 졸업

- **저서** I & You 영어패턴
  좀 더 길게 말해봐
  TEPS Voca essence II
  NEW TOEIC 개구리 PART 5&6 FINAL
  TOEIC PREP
  SKY TEPS 시리즈 총 8권 등 그 외 다수

- **기타** 칼럼 등 집필
  It's TEPS 3rd Edition 어휘, 문법 집필
  TEPS 첫걸음 집필 등 그 외 다수

서소영

연세대학교 졸업
월간 KBS 굿모닝팝스 편집장

- **번역** 〈바다로 가는 길〉, 〈우주가 나랑 무슨 상관이야?〉 등 동화 70여 권

대한민국 어르신들
제2의 인생을 위한 영어 공부!

6070시니어영어

초판 1쇄 발행   2017년 12월 20일
　5쇄 발행   2025년 1월 10일

발행인 박해성
발행처 정진출판사
지은이 김근형, 서소영
편집 김양섭, 조윤수
기획마케팅 이훈, 박상훈
디자인 디자인톡톡
출판등록 1989년 12월 20일 제 6-95호
주소 136-130 서울시 성북구 화랑로 119-8
전화 02-917-9900
팩스 02-917-9907
홈페이지 www.jeongjinpub.co.kr

ISBN 978-89-5700-146-2   *13740

• 본 책은 저작권법에 따라 한국 내에서 보호받는 저작물이므로 무단전재와 복제를 금합니다.
• 이 도서의 국립중앙도서관 출판예정도서목록(CIP)은 서지정보유통지원시스템 홈페이지(http://seoji.nl.go.kr)와 국가자료공동목록시스템(http://www.nl.go.kr/kolisnet)에서 이용하실 수 있습니다. (CIP제어번호 : CIP2017032392)
• 파본은 교환해 드립니다. 책값은 뒤표지에 있습니다.